子どもも自分も一緒に幸せになる

育児育自論

新保真里有
Malia Shimbo

はじめに

今、この本を手に取ってくださっているみなさんは、どんな方でしょうか。
以前から応援してくださっている方、ＳＮＳを通して最近知ってくださった方、わたしと同じ１９８０年世代の方や、もう少し上、もしかしたらこれから子育てが始まる年下の方もいらっしゃるかもしれません。

この世の中に存在する、あふれ返るほどたくさんの書籍の中から選んでもらえたこと、また、この本を通じてこうして繋がれたことがとてもうれしいです。

２００２年８月16日。太陽が輝き、眩いばかりの緑に囲まれた気持ちのいい産院で、わたしはママになりました。
小さくてふわふわしていい匂いがして……宝物の意味を初めて知った瞬間でした。

みなさんは「オキシトシン」というホルモンのことを知っていますか。
俗に「母性ホルモン」とも呼ばれ、お母さんが赤ちゃんのお世話をしている時に分泌されるもの。陣痛を促したり、母乳を作り出したりということに関係しているそう。
同時に、「幸せホルモン」とも呼ばれ、大切な誰かを想う時、心が愛情で満たされた時、このホルモンが脳内にたくさん分泌されるとも言われています。

弱冠19歳で母になったわたしは、オキシトシンを浴びまくり、こんなに幸せな気持ちは人生で初めてだと確信したのです。

その時の赤ちゃんも21歳になり、わたしの子育て歴も22年目に突入です。

この本は長く子育てしてきたからわかることを詰め込んだ一冊ではありません。
偉そうなことを言うつもりもありません。

どんな時もただ純粋に恋愛がしたいと願っては叶わなかった、わたしの4度の結婚と離婚の経験。４人の子育てを通じてわたし自身が学んだ〝子育ては己育て〟という事実。

実際にこの21年間で実践してみたことのまとめです。

いつだってぶっつけ本番で、言うなれば『ＭＡＬＩＡ．の子育て奮闘記』です。

様々な経験からこども達が教えてくれた

人生で大切にしなければならない16のことのまとめ。

こどもも親も一緒に育つ、ＭＡＬＩＡ．流の育児＆育自法。

21年間のこの記録が、読んでくださるママであるみなさんの、

日々の子育てのヒントとなり、気持ちをちょっぴりでも楽にできたなら。

誰かのお役に立てれば、とってもうれしいです。

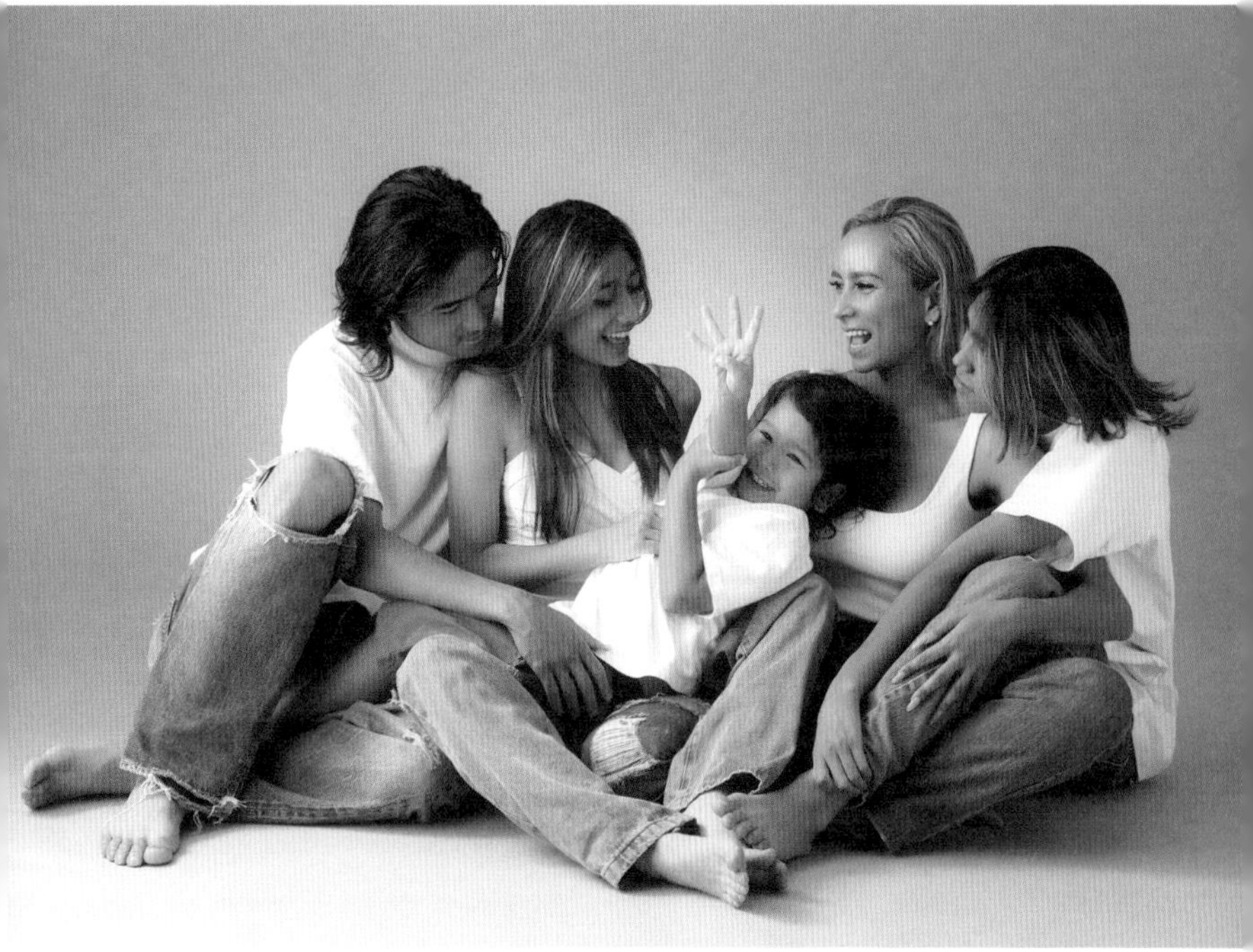

2022年 海鈴20歳 ありあ16歳 海緒4歳 愛郁17歳

CONTENTS

赤ちゃんゼロ日。ママもゼロ日。

「赤ちゃんゼロ日。ママもゼロ日」。これは、わたしがママになったばかりの女性と話す時、よく口にすることです。

赤ちゃんが産まれてきたその時、女性もママとして産声を上げたばかりだということ。

わたしのお友達が妊娠して、赤ちゃんが産まれて、毎日大変でヘトヘトになっている……そんな時にはこんな話をします。

――大丈夫だよ。わからなくてもしょうがないの。赤ちゃんは〝赤ちゃんとして〟産まれてきたけれど、あなたは〝ママとして〟生まれてきた訳じゃないの。これから赤ちゃんと一緒に育てばいいんだよ――

このお話には、〝ママ〟という肩書きがあまりにも重くって、出産でへとへと、赤ちゃんとの毎日に睡眠不足……疲労困憊している状況で、少しでも心が穏やかになってもらいたいという気持ちを込めています。

本当なら、そんなに無理しないでいいんだよ、と言ってあげたいところだけど、新米ママとして無理しなきゃいけないところもたくさんあるのが現実。

わたし自身もこだわりが強いほう。完璧主義過ぎる自分が出てくると、手を抜いちゃいけない、ちゃんとできてなきゃいけない、ちゃんとしたい、ちゃんとしなきゃ！

そんな想いに囚われた経験がありました。

でもさ、うまくいかなくても仕方ないし、わかんなくても仕方ない。だってママになったばかりなんだもん、当然だよ、赤ちゃんが産まれて10日なら、ママもママになって10日目だもの、って……。

これはまさに、駆け出しママだった当時のわたしに伝えてあげたい言葉トップ10に入る言葉。

わたしが子育て真っ只中にいる時、自分の状況を客観的に見つめる余裕なんて一切なかった。わたしの子育てが少し落ち着いてきた頃から、同世代のお友達も結婚や出産を迎える年齢になり、悩んでいるお友達を見てこんなふうに感じるようになったの。

4人の子育てを経験してきたわたしにとって、初めてママになった時のことはすでに遠い記憶になっている部分もあるけれど、今思い返しても鮮烈な人生最大の特別な経験だった。

2001年12月。妊娠がわかったあの日。

「赤ちゃんができた！」って。

全く予想はしていなかったけれど、とにかくこのスペシャルなできごとに心の底から湧いてくるワクワクが抑えられなかった。

底知れぬパワーとエネルギー、若さあふれる18歳での妊娠。その事実を周囲に隠していたわたしは、妊娠6か月まで撮影のお仕事に参加。妊娠2か月でグアム、5か月でハワイ……どちらも水着の撮影だった。

近年は妊婦さんになると、みんな〝マタニティマーク〟をつけるようになっているけれど、当時はまだ一般的じゃなかった。周りの人達もわたしが妊娠しているようにも見えなかったと思うし、自分から言わなければ誰も気がつかなかったんじゃないかな。

妊娠5か月目で撮影したハワイでの水着写真。その上がりを現地で見て、ちょっと厳しいかなと感じた時、わたしは19歳になっていました。

日本へ帰国後、すでに入っていたお仕事を全て終わらせ、仲のいい編集さんにだけ妊娠の事実を伝え、静かに産休に入りました。

当時はＳＮＳもない時代。さほど騒がれずに済みました。妊娠中はとにかく心穏やかに過ごせたのがよかった。


そしていよいよ迎えた出産当日。

２００２年８月16日。

念願の赤ちゃん、長男の海鈴に逢えました。


産まれたあとのことを何も知らないわたしが、産んだ日の自分の身体がどうなっちゃうのかなんて、もっと知らない話。

何より驚いたのは、あんなに痛くて、あんなに辛かったのに、全く眠れないこと。


看護師さんが「少し赤ちゃん預かっていますね、お母さん休んでくださいねー」と、赤ちゃんを連れて行ってしまって……。

10分で会いたくなってお部屋に帰してもらいました（笑）。

産後のお母さんの身体はアドレナリンが出ている状態。それに、なんといっても当時のわたしは19歳。お産中だって、長くイキめるだけでなく何度もイキめる若さのパワーに、先生が驚くほど（笑）。

自分的には〝へっとへと〟な気分でも、アドレナリンパワーがすごくて眠気が全く襲ってこない。ひたすら赤ちゃんをながめてみたり、触ってみたり、抱っこしてみたり……。

とにかく元気だし、幸せ。幸せで幸せで……赤ちゃんの寝顔を撮りまくり。冗談抜きに入院中に撮った（海鈴の）寝顔写真は100枚じゃきかない。

そのあとに来る怒涛の日々を知らぬわたしは、ただただかわいいかわいいと、寝ずに赤ちゃんの寝顔を見続けて、産後の初夜寝付くことができずに、その名の通りオールナイト（笑）。眠れずに朝を迎えました。

これは、これから出産するママ達に是非伝えておきたいポイント。

出産当日、どれだけ疲れていないと思っても、それは錯覚。
シンプルにただ身体が興奮している状態だから。

初めて出産した日の夜、看護師さんから「睡眠導入剤いりますか?」と聞かれた時、どうして必要なのか意味がわからずその場で断ってしまいましたが、そのあとすぐに理解。下の3人の時にはお薬をいただいて初夜は必ず眠るようにしました。
なんなら「赤ちゃんの初乳のタイミングに起こしてください!」とお願いして、それまで爆睡しました。

出産後聞いてなかったシリーズをもうひとつ。

2日目に突入すると、おっぱいが岩のように固くなっていて、横にはなれない、うつ伏せなんて論外。どんどん熱くなるふたつの岩と、想像を絶する痛みに動揺を抑えることができませんでした。

ふたつの岩対策としては、おっぱい（母乳）を出す以外に方法はありません。いざ出たと思ったら、今度は母乳が出過ぎて大騒ぎ！

授乳時、海鈴の顔にブシャーとかかっちゃうこともしょっちゅうでしたし、新生児はそんなに飲めないのに口の中でジャージャー出るから海鈴はむせ込むし、わたしも海鈴もおっぱいには振り回されまくり……。

それでもすぐに母乳が作られ、岩も復活。

肩もバキバキ、腕も痛い。出産直後の喜びオールナイトから一転、ただただ、どうしよう……って絶望の淵に突き落とされました。

今となれば、母乳がそれだけ出るなんて素晴らしいし、何よりも喜ばしいことだとわかります。でも、何も知らぬわたしからすると、驚きと不安が増えるばかりでした。

〝出産後聞いてなかったシリーズ〟更新。

退院前から母乳パッドは常にパンパン。海鈴以外に飲んでくれる人もいないから、って、そりゃそうなんだけど……（笑）。胸が張ってカチカチになる。

3日目だったかな、おっぱい岩が火山みたいになって熱を持ってガッチガチ。

乳腺炎になってしまいました。

ほぼ眠れぬ日々も3日目ともなると疲れも出てきてとにかく眠い。だけどそれ以上に痛い。4日目からは体力勝負の山がやってきてしまう。

授乳時間だ！ やっと飲んでくれる！ 楽になる！ と思っても、少し飲んだらすぐに寝ちゃうのが新生児。

えー寝ないでー。もう少し飲んでくれませんかね？ とお願いしたのは今思えばこれもまた懐かしい話（笑）。

こんなふうだったから、完全母乳とは思えぬぐらい海鈴の体重は順調に増えていった。1か月検診で5000グラムをゆうに超え、彼も相当頑張って飲んでくれていた!!

ちょうどこの頃だったな、忘れもしないあの日は、1か月検診日の直後。疲れているのは身体だけではなかったの。メンタルも、プチンと切れちゃいました。とにかく眠い、人間が眠らないで生きていられるのは1か月までなんだ、そんなことを考えたりしていた。ずっと眠い、とにかく眠い、眠い……。

1か月検診を終えたところで、何かが崩壊しちゃったの。ウワーって。涙がとめどなくあふれてきた。もう、何をしていても悲しい。赤ちゃんがかわいくてたまらないのは変わらないんだけど、それを前提にしても、とにかく辛い、眠い、辛い、眠い……涙があふれて止まらなかった。

当時、わたし達は実家の2階で暮らしていました。同居する母には仕事があり忙しくしていたけれど、ご飯だって頼めば作ってくれたし、恵まれた環境だった。

ただそんなことじゃなく、自分自身の中の問題。メンタルの部分。肉体的に疲れると人間はここまで精神的に悲しくなるんだ——人生で初めて経験した幸せの絶頂と疲弊を掛けあわせたような、濃密過ぎる1か月でした。

話は長くなりましたが、これがわたしの経験した〝ママ0歳〟の現実。今までに体験したことのないできごとの連続で、先が見えない永遠にも思える1か月だった。仲よくしているお友達の中で、一番早く出産したわたしには、この気持ちを共有できる友達がひとりもいなかった。身近に先輩ママもいなかった。

わたしにとっては、ただただ過酷としか言い表せなかった。

今となっては〝おっぱいお岩さん恐怖体験〟と笑って話せるエピソードだって、当時のわたしにとっては想定外の事件。こんな現実が待っているなんて、誰も教えてくれなかったし、雑誌にも書いていなかった。

今と20年前の妊娠は全然違う。

今はスマホを開けば知りたい情報があふれているけれど、20年前は、今ほどこんなに多くの情報はなかった。

妊娠中の過ごし方ひとつとっても、だいぶ違いを感じる。妊婦さんはお腹が目立たない格好をすべきで、一般的なマタニティウェアといったら『魔女の宅急便』の〝おそのさん〟そのもの。妊婦だってことはあんまり表に出しちゃいけない、そんな時代に感じた。

今は妊娠にまつわるたいていのことは、手のひらの中で調べがつく。サポートも以前とは比較にならないほど充実しているし、情報もいっぱい。「ママになります！」って大きな声で言いやすい社会に近づいたようにも感じる。

だけど、妊娠中や産後のマイナートラブルは人それぞれ。実際になってみないとわからないことも絶対にあるはず。

生まれてきた赤ちゃんが新生児でなんにもできないように、ママだって出産して初めてママになる訳だから、〝何でも経験〟。やってみないとわからないのです。

〝赤ちゃんゼロ日。ママもゼロ日〟。

この事実は20年前も今も変わらない。

「うまくいかなくて当たり前。赤ちゃんが成長するように、ママも成長していけばいいんだよ」

これからママになる方、ママになって息が詰まっている方に、わたしはこの言葉を贈りたいな♡

2006年 Photographer by LESLIE KEE

ドバイ在住、ドバイでの子育て。

２０２４年３月現在、わたしはドバイで暮らし、末っ子５歳さんと17歳のギャル姉さん、ふたりの子育てに奮闘中です。

〝新しい生活〟〝新しい環境〟を意識するようになったある日。
「この先やってくる人生の節目の年齢はいくつなんだろう……」
漠然と考え始めたのは36、37歳、末っ子のポコちゃんが生まれて少し経った頃のことでした。

全てのスタートはゼロ、〝0〟が節目と考えていたわたし。そこで一旦、40歳を節目に設定したのです。

そこからの数年間は、我が家の思春期女子に時間もメンタルも振り回されっぱなし。

文字通り戦いの日々でした。
2022年に入り、ようやく彼女が決めた進路〝カナダでわたしは高校生になります〟への決意も固まり、本格的に動き始めたところでわたしは39歳を迎えました。

この〝39〟の数字を見た時に、ハッとしました。
一般的にニュースタートや節目の年は〝0〟や〝5〟と考えがち。だけどわたしの節目の年齢は〝9〟なんだ！　と気がついたの。

海鈴を出産したのは19歳。サロンを開業したのは29歳。つまりわたしにとって人生の大きな節目は9の歳！　2020年の夏から少しずつ準備していた〝節目40歳での海外お引越し計画〟の1年前倒しを決意したのです。

当初念頭に置いていたのはL．A．でした。予定も何もなかったし、あくまでも漠然とではあるけれど、以前から〝将来はL．A．に住みたい！〟と強く思っていたからです。
L．A．移住について調べを進めていくと、いろいろな問題が見えてきました。

当時はポコちゃんとふたり暮らしの予定でした。しかし、COVID-19（新型コロナウィルス感染症）以降のアメリカにおける治安問題に直面。3歳のこどもとふたりで暮らすのに不安要素はなるべく排除したい……と考えました。そこですかさず、〝L.A.は将来いつか住もう〟という選択に変更！
我ながら切り替えの速さはピカイチでした。

その次に考え始めたのがハワイでの生活でした。
人生で2度、ロングステイ経験があるハワイのオアフ島。
あの地であれば、以前取得した車のライセンスも土地勘もある、お友達もたくさんいる、学校もいくつかわかるから当てがある！

3歳のポコちゃんと自然豊かなハワイで伸び伸び伸びと暮らすことができたら最高だな、と思い、すぐさま手続きを開始しました。

だけどここでもある問題が浮上、それが〝ビザ〟。

会社を起こしてアメリカで経営をする、どこかのエージェントと契約してモデルの仕事を本格的にする、もしくは学生として学校に通いながら毎日お勉強をする……。わたしがアメリカでビザを取得するにはいくつか方法があったのだけど、どの選択肢も現実的ではなく、どれもピンとこなかった。

子育てに集中したいと思っているのに現地で会社経営……？　まず第一に日本の会社はそのまま遠隔で経営に携わる前提だったので、さらにタスクが増えるのはやりこなせないと判断。

そして、モデル？　年齢がどうとか関係なく、ゼロスタートでモデルとしてアメリカに行って、毎日いろんなオーディションを受けに行く？　そんな挑戦心はない。

そして最後の学生。これはもしかしたら一番現実的だったかもしれない。

わたしが通えそうな学校を見つけて、ディレクターの方とオンラインミーティングもしてもらい、出席日数やクリアしないといけない授業内容を詳しく教えてもらった。

たとえばポコちゃんの具合が悪くなって幼稚園に行けない場合、イレギュラーなできごとで欠席が増えた場合など、それが理由となってビザが剥奪されてしまう可能性が高そうだった。

この3歳さんの身体と、毎日何が起こるかわからない不安な状況で、出席日数を気にしながらの海外親子生活はできない！　と判断。

わたしがいつも大切にしているのは〝ピンとくるかどうか〟。それで言うと今回出た3つの選択肢は、どれもピンとこなかった。そこでハワイ案も一旦ここで外れました。

話は遡りますが、２００５年、当時21歳だったわたしは愛郁をハワイで出産しました。当時、こどもが21歳になるタイミングで、本人が申請をすればこどもが親にグリーンカードを出すことができる、と現地の友人から聞いたからでした。（※注１）

そうだとすると、このビザ問題、今自分で頑張って苦労する必要はないということ。愛郁はこの時17歳（現在、２０２４年3月時点で19歳）。つまり彼が21歳になる4年後まで待てば、グリーンカードを申請できる可能性がある訳です。だったらそこまで待てばいい！　と、アメリカのビザ問題はここで一旦ストップ、違う可能性を探る方向へとシフトしました。

それからというもの、どの国に住みたいかよりも、ビザ問題をクリアできる国、母ひとり子ひとりでも安全に暮らせる国、の2点を重視して絞っていくことにしました。ポルトガル、ＵＡＥ（アラブ首長国連邦）、スペイン、韓国……いくつかの国に絞り、最終的にＵＡＥ（アラブ首長国連邦）の都市、ドバイに決めました。

ドバイに決めた理由のひとつは、人口の約90％が外国人ということ。学校の数も多くカリキュラムが多彩なことがありました。

ＩＢ教育（※注2）の学校をはじめ、教育システムに関しても、イギリス、スイス、フランスと選択肢も豊富。もちろん日本人学校もあります。とにかく選択肢が多いのです。

ポコちゃんは日本、パキスタン、ブラジルという mix blood。世界のいろいろな国の文化に触れてもらいたいし、様々な言語も学んで欲しいと思っていたので、ドバイはピッタリという訳なのです。

そうは言うものの、やっぱり欠かせないのは英語。まずは英語の学校に通わせようと、モンテッソーリ教育のナーサリー（日本でいう保育園のような場所）とイギリスのIB教育のインターナショナルスクールを見学してきました。

ナーサリー（モンテッソーリ）のよい点は、まずは新しい土地に慣れさせて新しい環境と言語を彼自身のペースで習得できること。

ただナーサリーとなると、8月に4歳になる彼は、入学してすぐに最終学年を迎えてしまいます。1年後には他の学校に進学をしないといけなくなるという懸念ポイントもありました。

もうひとつの候補に挙がっていたインターナショナルスクールは、幼稚園から高校までの一貫校だったので、その点は安心。そして、年齢的にプリスクール（幼稚園）への入学となるので、学校生活が始まる前の準備期間に充てることができます。ナーサリーで慣れてもらおうと考えていた部分もここなら一気にクリア。そして翌年の進学や転校、その準備も丸ごと回避できるということ。わたしにとってはかなり合理的でした。

だけどどのスクールに決めたとしても、ポコちゃんには早速の試練が待っています。

ＵＡＥの法律で、４歳以上のこどもは１週間に３時間以上アラビア語の授業を受けなければならないという規定があるのです。

インターナショナルスクールでは

2022年　ポコちゃん砂漠

2023年　ありあとサンセットクルーズ

2023年　ポコちゃんとお友達ミラちゃん

英語の授業に加えて、英語＋英語の英語だけのクラス、英語＋フランス語のクラス、英語＋アラビア語のクラスのどれかを選択しなければなりませんでした。

アラビア語の授業が必須なのは決定事項なので、ひとまず英語＋英語のクラスを選択することに決め、慣れない言語や環境はポコちゃんの吸収力に期待！

結局、ＩＢ教育のインターナショナルスクールに進学を決めました。

こうしてスタートしたわたし達の〝Dubai Life〟も、あっという間に2年目に突入しました。

今ではすっかり英語もアラビア語も通常会話で喋ることができるポコちゃん。

こどもの成長とは、どんな時も親の想像をはるかに超えてきます。わたしの心配もよそに様々な国のお友達をつくり、楽しそうに学校へ通って行く姿が、毎日愛おしくてたまりません。

引越し当初は想像もしていなかったfamily memberも合流。わたし、ポコちゃんに加え、今はありあも一緒に、3人のドバイ暮らしが始まりました。

ドバイの安全面は世界的にもトップクラス。女性だけでこどもと生活するのに適した、とても安全な場所だと思います。

わたしにとっては、きっとこれが最後の子育てタイム。お仕事の時間、こどもとの時間、それぞれを確保しながら、効率的かつバランスよく生活できるドバイ移住の選択は、正しかったと実感しています。

※注1　グリーンカードに関してはあくまでも2005年の情報です。当時と現在では法律も変わっています。今後も状況は刻一刻と変更があります。

※注2　国際バカロレア（IB：International Baccalaureate）
国際バカロレアとは、国際バカロレア機構（本部：ジュネーブ）が提供している世界中どこにいても同水準の教育を受けることができ、必要条件を満たせば世界各国の大学への入学資格を得られる学習プログラム。

01

子育てにはタイムリミットがあるということを常に意識する。

「いつもきれいにしているよね」など、うれしい言葉をいただくこともあるけれど、わたしにだってボサボサな日がある。いや、結構ボサボサ率高いかもしれない。

ぶっちゃけ言うと、オイリーにならないのをいいことに、髪の毛なんて1週間くらい洗わないとか全然ある（笑）。週の後半はクルッとまとめちゃうから目立たないだけで……それこそリアルにボサボサです。

思い出すのは家族でテーマパークに出かけた日のこと。

一日中歩きっぱなしだわ、娘とは大喧嘩するわ、もうずっしり重たいポコちゃんから抱っこをせがまれるわ……帰る時には、当然ながら、へっとへと。

やっとの思いで新幹線に乗ったわたしは、きっと実年齢より10歳は老けていたはず。

それでも、その場ではもう何も取り繕えなかった。

2021年 ユニバーサルスタジオジャパン

そりゃ、子育て真っ只中のママだもん、疲れてボロボロなんて日も、実際には全然ある。それ以上に、自分の疲労感なんて忘れるくらい、こども達と過ごす時間はかけがえのないもの。

こども達からいっぱいの〝ＬＯＶＥ〟を受け取っていれば、それこそこの世の中で一番の幸せだから。

見た目はやつれきって、げっそり、もしかしてえぐれちゃうってほどになってしまっていても、「みんなのかわいい笑顔を見られたから、ま、いっか」って、わたしの心も幸せで満タンになっている。

実際には、「なんでママの気持ちわかってくれないの！」みたいな日もあります。それでも１日の終わりにこども達の寝顔を見たら「生まれてきてくれてありがとう」しか出ない。

髪の毛を振り乱して、心をすり減らして、そうやって過ごす〝こどもと向きあえる時間〟は永遠に続くものじゃない。これこそ、21年間の子育て経験から一番伝えたいことです。

――どんなに大変でも、イラっとすることばかりでも、〝その瞬間を楽しんじゃったもの勝ち〟。

これは、経験と共にいつしかわたしの中に芽生えてきたマインドです。

生まれたばかりで一瞬たりとも目が離せない時。
どうしたって泣き止んでくれない時。
イヤイヤ期で途方に暮れちゃう時。
だいぶ大きくなったと思ったら始まる反抗期。
トンネルの出口が見えなくて、それどころか出口があるのかどうかすら、わからなくなっちゃう日々も正直ありました。

わたしの気持ちの理解ができるくらいに早く成長して欲しい！　そんな想いが頭の片隅を過ぎることなんて、ママなら誰でも一度や二度、いやいや日に何度も？　あると思います。

もちろん我が子はかわいいし愛おしい。それは大大大前提。

でもね、きれいごとばかり言ってはいられない時もあるのが子育てのリアル。

どんな困難も、こどもがいるからこそ味わえること。しかもそれは永遠に続く訳じゃない。

そう捉えられるようになってから、子育てのいわゆる大変さみたいなものを、大変だと感じなくなってきた。むしろその時々を噛み締めるようになりました。

「子育てには〝タイムリミット〟がある」

これはこども達と向きあう中で、わたしがいつも意識していること。

わたしがこの〝タイムリミット〟に気がついたのは、長男・海鈴の成長がきっかけ。

3歳から始めたサッカーとレスリング。どちらも大会で優勝するなど、幼稚園の頃から新聞に載るほどの上達ぶり。小学校に上がる前には「僕はプロサッカー選手になる！」と宣言するようになっていました。

シングルマザーゆえ、毎朝の練習に付きあう余裕もありません。それでも彼は文句も弱音も吐かず、ただひたすらひとりで頑張っていました。

どんな努力も苦労もいとわない頑張り屋さんの彼を見ていると、いつか遠くに行ってしまうのは必然に感じ、遠くない将来、巣立ってしまう姿を想像するようになっていました。

2022年
寝かしつけながら一緒に寝てしまうことも

とはいえ、それはあくまでも〝いつか〟の話。
それなのに、ある日突然、本当に突然、現実になりました。

海鈴が中学3年生の夏、セレッソ大阪のユースに加入することが決まったのです。
同時に高校も大阪の学校へ進学することになりました。

彼の夢が一歩現実に近づく訳だから、当然ものすごくうれしいし、家族みんなで大喜び。だけど裏を返せば、彼がわたし達の近くからいなくなってしまうことを意味します。

3月には大阪に引っ越すと聞いて、悲しい気持ちが一気に押し寄せてきました。
彼がわたし達の元から旅立つまでの半年間は、言葉では言い表せない焦りのような喪失感のような、逃げたくても逃げられない感情に苛まれる日々。夜になると毎日あふれる涙。

——たった15年じゃん。たったの15年しか一緒に過ごせなかった。
毎晩そんな気持ちでした。

彼が小・中学校時代に所属していたクラブは千葉にある柏レイソル。東京の我が家から通うには決して近いとはいえない距離を、彼は小学5年生から毎日ひとりで往復していました。

とてもありがたいことにクラブチームの下部組織ということもあって、晩ごはんは練習後に栄養士さんのいる食堂で食べさせてもらえたので、練習が終わって帰ったら文字通り寝るだけの日々でした。

今思えば、もうあの頃には親離れしていたのかもしれない。

わたしは彼に何もしてあげられなかった――そんな気持ちにすら陥ったのです。

自分自身のことを思い返すと、モデルのお仕事を始めたのが15歳。すぐにお金も稼げるようになり、自由度も高まって、一人前になったような感覚にもなりました。

娘のわたしが母の元から自立したのも、きっとこの頃。だからわたしにとっても容易に想像がついたはずの、親離れ＝15歳の法則。

それなのに、実際に子育てのタイムリミットに直面すると、言葉にならないゾワゾワとした感情に……。胸にぽっかりと穴があいたような感覚に陥ってしまったのです。

長男の15歳の巣立ちを経験した今は、子育ては逆算しながら。日々の大切さを実感したり、毎日をもう少し丁寧に過ごしてみよう、些細に思えることにもしっかり向きあってみよう、というマインドに変わってきました。

上の3人に対しては、髪を振り乱す系の子育てだったけれど、今はじっくりと噛み締める系の子育てができている。それは経験値のなせるわざ。

末っ子のポコちゃんは、2歳の時には既に18キロもあるビッグベイビーだったけれど、それでも他の2歳さんと何ら変わらない、抱っこ大好きベイビー。体力的に辛い時もあったけれど、「そうだよね、抱っこだよね」と、できるだけ向きあえたのは、抱っこも永遠じゃないのを知っているから。

上の3人が小さかった時は、「みんな歩いて！　抱っこ？　むりむり！　頑張って！」だったのに。これは子育てシーズン1とシーズン2の、大きな変化のひとつ。

子育てが初めてのことずくめで先が見えないのは、世の中のママ達みんな同じ。今

01　子育てにはタイムリミットがあるということを常に意識する。

2009年 Photographer by LESLIE KEE

2020年 同じポーズで11年後に再現撮影

はリミットを知っているから、余裕があります。余裕を待てる自分になったのも大きな進歩であり、母としての成長。
この月齢ではこれができないと！　という一般的な指標も気にならなくなりました。

標準値や平均を気にするきっちりしたママがいる一方、身長や体重、ミルクやご飯の量など、標準じゃなくてもその子のペースでいいじゃない、と考えるママもいます。それぞれが個性。どちらもアリだし、それでいい。わたしはどちらの考え方も尊重したい。

いろんなこどもがいるのと同じで、いろんなママがいるの。みんな違うからね。

きっと日本のママの多くは、成人して大学を卒業して、社会人になるところまで子育てが続くと思っているかもしれません。同時にそれまでは、こどもは自分の手元にいるような感覚がある。
だけどこどもの自立は大人が想像しているよりもはるかに早くて、目安は15歳。そのくらいだと心づもりしておくのがいいと思う。家を出る出ないは関係なく、義務教育が終わる頃には親の手を、いろんな意味で離れていく気がしています。

いつか終わりを迎える人生最大のビッグイベント〝子育て〟。

タイムリミットがあるからこそ、絶賛子育て中ママには今を全力で楽しんでもらいたい。そして後悔がないよう、やりきってほしい。

ママ業務を卒業されたみなさんとは、「懐かしいな」「そんな時期あったよね」と、共感しあえたらうれしい。

そして未来のママ達へ。わたしが21年前に自分が知りたかったことが、この本にはギュッと詰め込まれています。子育て人生が始まる前の心構えとして、参考にしてもらえたら、と思います。

02

大切なハグに卒業はいらない。

わたしとこども達が一緒に写った写真を見ると、どれもギュッとくっついている。こども達とセルフィを撮る時は、いつだって頬と頬がくっつく距離。わたし達にとっては、これが通常運転。

でも初見の方々には、距離の近さに驚かれることのほうが多い。だからこの距離感が一般的な親子の距離感じゃないことも、うっすら気がついています（笑）。

わたし達がこんな距離感でいる理由のひとつは、きっとハグが大きく関係していると思う。

新保家の毎日にあふれているハグ。

末っ子ポコちゃんのことは四六時中。絶賛反抗期の娘も、離れて暮らすもう大きいお兄ちゃんも、隙さえあればギューーッと。ちょっぴり照れ屋な次男には、ささっとふわっと抱きしめる（笑）。

わたしにとってのハグは、互いに想いを通わせる日々の欠かせない大切な瞬間。もちろん、ちょっとギスギスしてしまう日だってあるけれど、ハグさえしちゃえばもう大丈夫。と、母は思い込んでおります（笑）。

ハグなんて恥ずかしい！　と思っている人も、ぜひ思い出してみて欲しい。

赤ちゃんの頃はずーっと抱っこ。ニコイチで過ごすのが当たり前だったでしょ？

でもね、ひとりで歩けるようになり、少しずつ手が離れるようになっていくと、そのぶんだけ親子には隙間が生まれていく。そして成長するにつれ、いつしかハグをしない間柄に……それが日本では当たり前であり、文化みたいに感じます。

でも、「ハグに卒業なんて、いらなくない？」がわたしの持論！

どさくさに紛れてハグ、声がけしてきちんとハグ……昨日したんだから、今日もしようよ、みたいに続けちゃえばいい。

1回ハグから離れちゃった人だって大丈夫。こどもを抱きしめるチャンスはどこにでも落ちています。

おやすみを言うタイミングに「ハグしよ」と誘ってみるのもいい。我が家の場合は、わたしがこども達に「また明日会おうね」と言ってハグしています。「行ってらっしゃい」の時でもいいよね。

つまり、いつだってその時がチャンス！　今さらハグなんて……とためらう必要なんて全然ない。

思春期になってこども達が自立していく過程で、親とのスキンシップを嫌がる時期もあるのは当然。でもそこを通り過ぎれば、またフラットな関係に戻れるからメゲないで。ここはメンタルを強く。母の頑張り時だから。

今が微妙な仲だったらあえて無理せずに、ちょっと待ってみるのもアリ。

ちなみに我が家にも微妙な空気が流れた時期がありました。いつもニコニコだった次男くんが、わたしが近くにいるのでさえどことなく嫌そうにしていた頃です。

ある時、通りすがりに抱きしめてみたら、怒られてしまったのです。そこで、「あんだけ抱っこ抱っこって言ってたくせに！」と、10年以上前の話を持ち出して逆ギレ（笑）。すると、「いやいや、いつの話してんの？」と、笑いが起き、そこからはこのやりとりがちょっとしたネタに。今でもたまに、使わせていただいています（笑）。


一時期〝セルフハグ〟という言葉が流行りましたよね。

初めて聞いた時、親という立場はなんてラッキーなんだろう。いつでも抱きしめる相手がいるんだもの最高！　と思ったのです。

抱きしめてあげているようで、実は自分が抱きしめられているような癒し効果もある。なにしろハグをするといいことがいっぱい。ハグをすることで「幸せホルモン」「愛情ホルモン」などと呼ばれるオキシトシンやセロトニンが分泌されるという話、みなさんも聞いたことあるんじゃないかな。

イライラが止まらない時、５秒間ハグするだけで心が落ち着くそうです。実際に心臓がピンク色に染まっていくのを、ハグするたびに日々実感しています。

わたしの場合、母乳もよく出ましたし！　心も肌も潤った気がしました！　それこそ若々しさにつながると思うの。ママの美容のためにも絶対オススメです！

4回の結婚と4回の離婚……家庭内でどんなことがあっても、ブレることなく自分の足で立ってこられたのは、こども達からたくさんの愛をもらったから。

他の誰でもないわたし自身が、一番こども達とのハグで救われてきたのです。

ちなみにわたしのこども時代は、パパとのハグは日常だったけれど、ママとはそうでもなかったような。

え、なんで!?　と思うようなタイミングで抱きしめられた記憶がある。思い返すと、あれはサマースクールや林間学校など、長く離れる日の前夜。

ママからすると少し離れる前の特別なスキンシップだったのかもしれません。

こども達が小さい頃だけでなく、今も、そしてこれからもずっと、わたしは彼らを抱きしめ続けたい。いくつになってもやめる必要なんてない。
だって、家族だからこその愛情表現のひとつだと思うから。

大喧嘩をした翌朝だって、ハグをすれば仲直りできる。
おかえりのハグでこども達の気持ちが伝わってくる。
そして、自分自身が幸せで満たされる。
そんな魔法のようなコミュニケーション術を手放してしまうなんて。もったいない！

03

魔法の言葉あいうえお ～褒めて認めて愛を伝える～

昨今ママの人権は揺るぎないものになってきたように感じますが、わたしが10代でママになった当時の子育ては、今と違ってびっくりするくらい肩身が狭かったし孤独でもありました。

上の3人が小さい頃のお出かけは、まさにハプニングの連続！　ハプニングなんていうとかわいく聞こえるかもしれませんが、言ってみればトラブルだらけ。

ママ友という存在も周りにいなくて、ママ同士で情報交換する機会もほとんどなかった。つまり子育ての悩みは自分で解決するしかありませんでした。

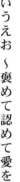

今でこそこの情報社会で携帯ひとつあればなんでも調べられるけれど、20年前の情報源といえば、書籍や辞典、育児雑誌なども基本的に紙媒体。

当時18歳のわたしは、妊娠を公表していなかったこともあり、あまり外には出かけず自宅で妊婦さん雑誌を片っ端から買って読み漁りました。

具体的には、『はじめての妊娠・出産事典』というタイトルのものから、妊娠辞典や教科書的なもの、妊娠した方が一度は読んだことがあるはずの『たまご』さん……実にバラエティに富んだセレクト。ベストセラーと聞いて購入したのに、個人的にはイマイチだったものも。結局、丸ごと納得できるような1冊には出合えませんでした。

なりたいママ像、親子像、こどもの特性だって親子の数だけ違う訳だから、そりゃ当然といえば当然です。

まずは幅広く情報を集めることやいろいろな情報を知ること。そして、本に書いてあることが全てではないので、ひとつの考え方だけを鵜呑みにしないというのも大切。

赤ちゃんが生まれてから読むとされている書籍や雑誌には、子育てに対するアドバイスがたくさん出てきます。この考え方は好き、こんなふうに育てたい、などなど、自分で取捨選択していくうちに、自分達にとって大事なことがだんだんクリアになってきます。

幼い頃、母は「まーちゃん（わたしはそう呼ばれていました）は、やればできる」とよく言っていました。

母から怒られた記憶もあまりありません。当時を思い返してみると、わたしはあまり不安のないこどもだったと思います。

大人になってから、「かわいくてかわいくて怒ることもできなかったのよ」と母が話しているのを耳にしたことがあります。怒られなかった理由はそれ!?　ママ、それはやばいでしょ……と内心思ってしまったのが正直なところ（笑）。

でも、わたしの中に揺るぎない自信が芽生えたのは、母から常々「かわいいね」という声かけと共に肯定され続けたからに違いありません。

目に見えぬ〝自己肯定感〟が幼少期から育まれていたんだなと、大人になった今、実感しています。

そんなわたしの子育ては、とにかく褒めて褒めて褒めまくる、が基本。

こう聞くと母と同じに聞こえるかもしれませんが、ちょっと違います。自分の経験を踏まえて、手放しでの褒め過ぎはセーブしています。

褒められるとこどもは喜びますし、伸びます。でも、それが日常になって当たり前になり、ありがたくなくなっちゃうと効果を発揮しなくなる。

だから、あえての〝たまに〟作戦を使いました。

こどもだって、今が褒められ時、今のはそうでもない、それくらいわかります。たいしたことないのに褒められたって、「ちゃんと見てた?」と逆に不信感を抱かせることにもなるし、のせようとしているのが見え見えです。

最初は全然ダメだったけど、何度も頑張った、諦めなかったからここまできたんだね、というように、経過をちゃんと見守ること。そしてタイミングを見極めて、その経過と共にしっかり褒めてあげることが大事。闇雲に褒めたり肯定したりするのではなく、ママはしっかり見てくれているんだ、とこども自身が感じるさじ加減を狙います。

そんなわたしが子育て歴10年以上経ったある時に取材でお話ししたのが、〝魔法の言葉あいうえお〟でした。


「ありがとう」の〝あ〟

「いい子だね」の〝い〟

「うれしいよ」の〝う〟

「えらいね」の〝え〟

そして
「おりこうさん」の〝お〟

最後の〝お〟はこどもの年齢と共に変化し、少し大きくなると「よくできたね」と表現するようになりました。


この「あ・い・う・え・お」は、わたしが大事にしている〝魔法の言葉〟。

赤ちゃんが生まれてすぐにできた言葉ではありませんが、ある時気づいた自分の口癖が、この「あ・い・う・え・お」。

常々口にしている「愛してるよ」「大好きだよ」以外の具体的な表現で、わたしの想いを伝えたかったのです。


決して特別じゃない。だけど、言われたら絶対にうれしくなるスペシャルな言葉達。

こどもの〝自己肯定感〟を高めてくれるのを感じます。


自己肯定感つながりでもうひとつ。

自分で思っている以上に、わたしはタフで前向きなキャラに映っているみたい。

「ＭＡＬＩＡ．って本当にポジティブ！」「そのエネルギー、どこから湧いてくるの!?」など、このあたりは本当によく言われる、よく耳にするフレーズ。

確かにわたしはポジティブです。そしてこの性格は、間違いなく母から肯定され続けて育った結果。わたしは母から否定的な声かけをされたことは一度もありません。

ちょっとヤンチャになって、反抗的な行動をするまではね（笑）。

母は基本的に肯定のスタンス。ダメという言葉は、ほぼ聞いた覚えがありません。やりたい！　と言えばなんでもやらせてもらえました。

母だって、本当はもっとお勉強を頑張って欲しかったはず。でもわたしはなかなかスイッチが入らない（汗）。

それでも少しいい点を取れた時には「やればできる子」と言って褒めてくれました。その結果、じゃあいつかやればいっか、とさらにお勉強への気持ちが遠のいてしまったのは、母的には大誤算だったはず（笑）。

大人になり、自分が子育てするようになって改めて気づいたのが、褒めまくればいいって訳じゃない、ということ。それはまさに自分の経験からわかったことです。

上の３人がまだ幼かった時、わたしは駆け出しママとしての日々を経てシングルマザーになり、激動の日々を迎えていた時期に重なります。余裕を持って接してあげることができないことも多々ありました。

2010年　愛郁5歳 ありあ3歳 海鈴8歳

「あ・い・う・え・お」を言うべき時に言えなかったことも、きっとたくさんあったはずです。母親経験を積んでから生まれてきた末っ子ポコちゃんに対しては、子育て集大成。

ポコちゃんはわたしだけでなく、きょうだいからも「あ・い・う・え・お」をひたすら浴びせられています。だから彼はいつもニコニコ笑顔。

おかげでわたしも家族みんなも、ずっと笑顔でいられるんだから、まさに作用反作用です。

ずっとガミガミやってきちゃったな、というママだって、平気。

気がついた時に軌道修正すれば大丈夫。今日これを読んでくれたなら、今日から始めればいいの。遅いことなんてない。いくつになっても愛情を伝える魔法の言葉は使えます。

こどもが成長するにつれ、褒めたり、肯定したりするだけでは進んでいけない場面にも遭遇しますよね。落ち込む日もあるし、大きな人生の節目を迎えて迷うこともある。

その時にもわたしは決めています。

多くを語らず、「わたしはあなたを信じてる」という声かけだけに留めておくということを。


「あ・い・う・え・お」と同じで、「わたしはあなたを信じてる」も魔法の言葉。

そう言われ続けていると、こどもは委縮しなくなる。親に信じてもらうこと、認めてもらうこと、これは褒められる以上にこどもの自信になるのです。

信じ、認められるために、こどもは自分で考えるようになります。

信じてる、なんて言われたら、おのずとそれに応えたくなるものだから。

04

「ごあいさつ」は重要案件。

わたしの〝許す・許さない〟の線引きは、ちょっと独特かもしれない。

アリかナシかの〝アリ〟に関して、ストライクゾーンは広めだと思うけれど、ダメなものはダメ。譲れない部分は何がどうしたって譲れない。それはこども達に対してももちろん同じです。

そのうちのひとつが「ごあいさつ」。ココにはかなりうるさい。

「おはよう」
「いただきます」
「行ってきます」
「ただいま」

「ありがとう」
「ごめんなさい」
etc.……

とびきりシンプル。だけど言うと言わないじゃ大違い。

コミュニケーションをきちんと取る、心を通わせる、そのために欠かせない大事な言葉達。新保家において、ごあいさつナシでやり過ごそうだなんて、言語道断！

みなさんの周りにもいませんか？
出社してきて、ろくにあいさつもしないで席に座る人。
そういう人って、やっぱり仕事にも後ろ向きだったりする。これ、わたしの見解です。

もちろん気乗りしない日だってあるよ。落ち込んだ時、体調が悪い時、お友達と喧嘩しちゃった日なんかは特にね。

それは重々承知。わたしにだってそんな日はあります。

でもどんな日でも家を出る前には「行ってきます」、帰ってきたら「ただいま」は必ず言って欲しい。

我が家のこども達がボソッとごあいさつしようもんなら、間違いなく「聞こえないんだけど?」って、ゲキを飛ばします(笑)。

わたしがここにこだわる理由は一体どこからきたんだろう……改めて考えてみたら、思い当たることがふたつ。

ひとつは、「ただいま」「おかえり」がない家に育ったということ。

わたしの母も働くシングルマザーだったから、小学校4年生くらいまでは学童保育に通っていた。

学童でみんなといる間は賑やかで楽しいの。でも夕方、下校時間になって帰るのは灯りのついてないお家。自分でかぎを開けて家に入っても、シンと静まり返って誰もいないの。

それがこども時代のわたしの日常だった。たまに母の帰りがすごく遅くなることもあって、話し相手もいない空間で、いろんな想いが頭の中を駆け巡る。

中でも定番だったのが、〝ママ、帰り道に事故にあったりしてない？〟みたいなヤツ。

よくわからないのだけど、ママが死んじゃったらどうしよう……って、いつもぐるぐるぐるぐる考えていた。

当時は携帯電話すらない時代だったので、ただひたすら帰りを待つしかない。だからやっぱり、不安とか寂しさがあったんだろうね。たったひとりの家族であるママがもし死んじゃったら、わたしはひとりぼっちになっちゃう。そんな心細さがいつもあった。

新保家の上の３人がまだ小さかった頃、わたしががむしゃらに働いていたその当時は自宅リビングの片隅がわたしのオフィススペースでした。だからうちのこども達には「ただいま」「おかえり」のあるお家にしてあげることができたの。

もしわたしがいなくても、たいてい誰かしらがいて、必ず「おかえり」を言ってあげられた。

わたしの母が働くシングルマザーだったからこそ、わたしと同じような寂しさや不安を感じさせたくないって、無意識に考えていたのかもしれない。

もうちょっと大きくなると友達と遊ぶお約束ができたり、塾や習い事で放課後も忙しくなる。親がいるほうが煩わしくなってくるのはむしろ健全なこと。

だけど小学校3、4年生くらいまでは近くにいる存在がものすごく大事。この年齢までにかけてあげる時間と熱量と、声かけとハグ……それがこども達の安心感を育むものだというのがわたしの持論です。

だから気持ちを込めて、互いに、意識的に声を出して「ごあいさつ」を言うことにこだわるの。

もうひとつは、「ごあいさつ」で人間関係がうまく回ってきたわたし自身の実体験から。

筋肉や知識と同じように、「愛嬌」も、人には奪えない大事な武器のひとつ。

うちの子達は自慢じゃないけど愛されキャラぞろい。

〝ごあいさつ＝愛嬌〟というのは少々オーバーかもしれないけれど、ごあいさつがちゃんとできる子は、人間関係も絶対にうまくいく。愛される子になるのです。

〝ごあいさつは絶対〟なんて偉そうに語っているけれど、モデルの仕事を始めたばかりのわたしは、世の中のことも当たり前の常識も知らぬダメダメ人間。

びっくりするほど生意気だし、あいさつなんて気分によってテンションも全く違う。

仕事に対する姿勢もいいとは言えなかったはず。

たとえば海で撮影をする日はロケバスでの長距離移動になるので、当然ながら爆睡しちゃう。ロケ場所に到着しても起きる気配なし。

他の子達が先に撮影を進めてくれて、終わる頃にやっと起き上がる。そして悪びれることなく、「じゃ、いく？」なんて感じでした。

今でも当時のスタッフさんと会う機会があります。大人になってから改めて謝罪すると、当時の副編集長は「それがＭＡＬＩＡ．だから」と笑ってくれました。スタッフさんに恵まれていたのは運としか言いようがない。

わたしが制作側だったら間違いなく次はない！　絶対に起用しないと思います（笑）。

それでもずっと続けて来られたのは、わたしにある種の愛嬌があったからだと思う。自分で言うな、なのは百も承知です（笑）。

こうして長年〝モデルＭＡＬＩＡ．〟をやっているとわかってくる部分も増えてくる。たとえ感じ悪いことを言ってもゴキゲンに聞こえてくれる、この声にもだいぶ助けられました。

相手のリアクションや表情を通して本能的に学んだこともたくさんあります。

〝ニコッとすることは大事だ〟〝ありがとう、も大切だ〟――これは完全に、踏んだ場数と経験からの実体験。

新しい雑誌に呼ばれて今まで当たり前にしていたこと――着た衣装を脱ぎっぱなしにしないでちゃんとハンガーにかける――をして、ものすごく褒められると、生意気ギャルでもうれしくなっちゃう訳です。

「あ、コレいいことなんだ、喜ばれるんだ！」と、少しずつ学習していく。

強そうだし、怖そうだし、偉そうで、あいさつなんてしなそうなわたしが、ニコッと笑って「ありがとう」と言うと、「うわ、いい子じゃん！」となるの。「想像と違った」と言われることも多かった。まさに〝ギャップ効果〟です。

やったほうが絶対いいリストのひとつ〝ごあいさつ〟。心を通わせる大事な言葉。それに、ハキハキあいさつする子を嫌う人なんて、きっといないはずだと信じています。

05 こどもの質問に答える ～ナンデの宙ぶらりん厳禁～

ナンデお空は青いの？　ナンデ雨が降るの？

ナンデ赤ちゃんはママのお腹の中にいるの？

ナンデお勉強しなきゃいけないの？


こどもはログセのように「ナンデ？」と唱えていませんか？

わたし自身もそんなこどものひとりでしたし、むしろ〝知りたい欲求〟が猛烈に強いこどもでした。


わたしが通っていた小学校では、同学年のお友達は全員フル日本人でした。わたしは学年唯一のハーフ。つまり、パパが外国人。

そのことがだんだんとわかる年齢になったある時、母にパパがどこの国の人なのか聞いてみたところ、返ってきたのは「宇宙人よ」という答えでした。

そんなはずないのはわかっていたし、ナンデ本当のことを教えてくれないのか、こどもながらにモヤモヤとした気持ちになったのをよく覚えています。何度聞いてもはぐらかされるのが関の山。

わたしの「ナンデ?」に対して、母の「うーん、そうね……」とぼんやりした答え。このやりとりがデフォルトの親子でした。

今思い返してみれば全てを話さないことが美徳、という時代背景も大きかったのかもしれません。でも、幼いわたしの頭の中は、いつだって疑問であふれていました。

思春期になると、ますます「ナンデ?」が膨れ上がります。

「どうしてパパとママは別れちゃったの?」というような、その当時一番知りたかったことは、いつまで経っても宙ぶらりんのまま。解決されない疑問が少しずつたまって、いつしか大きな怒りに変わっていきました。

この経験はわたしのその後の人生に大きく影響しています。この経験があったからこそ、親になったらこども達が知りたいことに対して全力で向きあう! と心に誓ったのです。

上の3人は年が近いこともあって、とても仲よし。周りの家族からは不思議だと言われるほどに仲がいいのですが、喧嘩をしない訳ではありません。彼らのちょっとした揉めごとに、いちいち介入することはないけれど、ある一線を超えると、「ダメ！ナンデ!?」と逆にわたしから質問混じりの一喝。

どんな時でも欠かさなかったのは、なんで喧嘩がダメなのか、という説明です。「あなた達は世界にあなた達しかいない兄妹。兄妹は味方チームなんだから、味方同士仲よくして欲しい」と伝えていました。

あくまでわたしの中でのダメな理由。正直、説明になってはいませんが、それでいい。だって頭ごなしの「ダメ！」では、こどもだって納得できない。「大きくなったらわかるから」は、使いたくなかったのです。

母はよく、「まーちゃんもママになったらわかるわよ」と言っていました。正直、今になってみると母の言葉の意味も、わかることも、感じることも、たくさんあります。でもわたしはこどもの「今知りたい」を尊重してあげたかったのです。

年頃になると性について聞かれることもありました。ここでも聞かれたことにはなんでも答えてきました。

「どうして赤ちゃんは生まれてくるの？」に対して、「コウノトリが運んできてくれるのよ」とか「結婚したら生まれるものなの」というような回答はしたくない。正しいことを伝えるには、こどもが聞いてきたタイミングがチャンス！　ですから。

わたしの知りたい欲求は、底なし＆天井知らずではあったけれど、勉強への関心はさっぱりでした。もし今どこかにタイムスリップできるなら、学生時代に戻ってみたい。なぜなら勉強と向きあってみたいと心底思うから。今も持ち続けている〝知りたい欲求〟をとことん勉強に注ぎ込んでみたら、いったいどこまで行けちゃうんだろう……すごいことになっていたんじゃない!?　って、自分の実力を確認してみたい（笑）。勉強をしなくても生きていける。実際、生きてこられました。

でもね、しておいたほうがずっといい。なぜなら人生の選択肢が増えるから。今ならそう思えます。

10代の頃に抱き続けていた「なんでお勉強しなくちゃいけないの?」に、もっとちゃんと向きあって、お勉強の大切さ、お勉強をするとしないで見えてくる景色の違いを知っていたら、反発することなく、ちゃんと勉強に向きあえていたんじゃないか、そんなふうに思ってしまうのです。

とは言うものの、根本からお勉強が好きだったのか問題は大いにあります。

わたしの子育ては〝なんで勉強が必要か〟を親子で一緒に紐解いていこう、が大きなテーマだったりもしました。

「そういうふうに決まっているの」とか「あとで役に立つから」じゃ、こどもは納得できない。自分が納得できなかったことが多いぶん、わかることがあるし、それでも今でもわからないことだって正直あります。

こどもの質問は答えにくいもの、答えようのないものばかり、と悩んでいるママから質問をいただくこともあります。

こどもの成長と共に、自分も親として成長していきます。その過程で大人は大切なことを忘れがち。わたしもそんなことがありました。

親目線ばかりになり、自分があれほど嫌だと感じていたはずの親の理解度の低さを自身に感じることもあり、そのたびにこども達に気づかされました。

わからなければ、親子で一緒に答えを探してみればいい。親だから全部が正しい訳でもないし、だからといってこどもの意見が正解とも言えません。

正解も答えもないかもしれない、答えが出たとしても、その時々で違うと思います。

一番大切なのは〝親が自分と向きあってくれている〟という安心感。

こどもにこの安心感を抱かせることが、とても大切だと思います。

2009年 ハワイ

2020年 グアム

06

感謝の気持ちと絆を育む「お手紙」

きょうだいが多いとにぎやかなのはいいのだけれど、反面、わたしと一対一で向きあう時間は取りにくい。毎日いろいろなことが起きて、何も起きない日なんてほとんどないくらい。ひとりひとりのこどもと向きあうのは不可能に近い日々でした。

こども達だって、いつもみんなで一緒というだけでなく、自分だけを見て欲しい時もあるのはわたしがいっちばん知っていたし、ママと自分、ふたりだけで交わしたり伝えたりしたい想いがあるはず。

26歳で3人のこどもを連れてシングルマザーになった時、〝これから1年に1回でいいからひとりひとりの時間を作ろう〟と決めました。

ふたりだけでお泊まりに行く機会をつくって、いろいろな場所に行きました。

みんながある程度大きくなった今では、もうそんな時間もめっきり減りましたが、海鈴、愛郁、ありあ……大事な思い出としてそれぞれの胸に刻まれている様子。

家族共通の記憶と同時に、ふたりだけの秘密のような記憶は、ママであるわたしにとっても大切な心の財産です。

イベント好きな性格ということもあって、家族みんなのイベントをとっても大切にしています。誰かの誕生日、誰かの入学や卒業、就職、そして結婚に出産……今は家族がバラバラに住んでいることもあり、集まるとなったらそれもまた一大イベントです。

彼らの記憶には、個々のイベントがどうだっただけではなく、家族みんなでいろいろやったよね、という温かい思い出が胸に刻まれていけばいいな、と思っています。

わたしのイベント好きはこども達にもよきインフルエンスをしていて、わたしの誕生日には必ずこども達がお祝いしてくれます。小さい頃は必ずお手紙をくれました。大きくなってからは動画をもらうことも増えました。

TO: Mommy♡

Happy birthday mommy Can't belive you are aready 35!! I'm so happy that we got baby can u belive that we are having other life Yass!! I'm 11 so I'm almost teanager but I love u mommy in this world and I'm never gonna leave u forever cause I loveeee u. I think we r having lots of Problem but we r best family in this world. I will love u and Protect family and my mom.

XOXO

From: Alia♡

ままへ
30さいおめでとう!!
がんばってね。
あいくもがっこうがんばるから
あいくより
あいしてるよ
♡

Dear mom,
I want you to know that you're the most beautiful woman and mother in this world, and i am the luckiest boy to having your son. Thanks God.
I can't explain my all heart feelings but let me tell you one thing that I love you.
Wherever you are whatever it happens no matter what, i will always be there for you. So just call me what you need and i will be that for you.

I won't give up to be the best man in this world that we promised and also i will make you the most happiest mother.
HAPPY MOTHER'S DAY!!

with all my love,
your son, Kaili. XVI

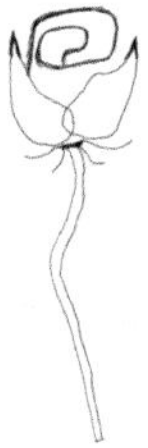

一応バラなんだよね…

母へ

母の日おめでとう!
いつも色々ありがとう! ままはいつも俺がやりたい事を全力でサポートしてくれて、色んなとこに遊びに連れて行ってくれてほんとに感謝してます。ままの人脈とか繋がりのおかげで自分の将来の夢も普通の人より何倍も叶いやすい環境を与えてくれて助かってます!! 手紙とか苦手だけどまじ尊敬って感じっす。いつも迷惑かけてごめん! ままの子で本当良かったです これからもよろしく!!
by AiKu
※字汚いでーす。

大好きなおかあさん

三浦 ありあ

お母さんは、まりあといいます。おうちではマミーとよばれています。お母さんは背が高です。声はきもちがよくなる声です。せいかくは明るく前むきです。おしごとはモデルとお店です。10才の誕生日のとき、かわいいカフェでともだちたくさんとパーティーをしました。さいごにお母さんからメッセージをもらってうれしくて心でなきました。わたしは「いままでありがとう」といいました。そしてお母さんは「大好きだよ」と言ってくださいました。そして「心から愛してるよ」。お母さんはわたしの心の太陽だと思いました。なぜならいつもどんなときもわたしをささえてくれるから。

愛してるよー、

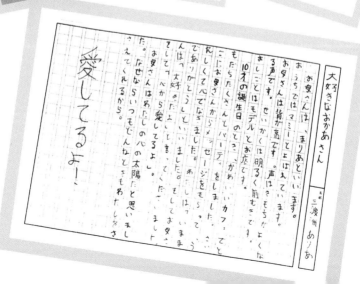

動画出演はこども達のみならず、こども達の周りのお友達や、時にわたしのお友達も出てくるので、毎年驚かされては喜んでいます。

ありあが今よりもっともっと反抗期だった時、不意に「生んでくれてありがとう」というお手紙をくれました。

誕生日だけではなく、何かと自分の中で書こうと思った日にお手紙を書いてくれる子に育ちました。

我が家のイベントにはお手紙がつきものです。

別にお約束をしている訳でもなく、催促してきた訳でもありませんが、これがわたしのイベントの際の、ひそかな、むしろメインの楽しみだったりします。どんなプレゼントよりも心のこもった言葉やお手紙が母にとっては一番のプレゼント。

普段なんでも言いあえる家族を築いてきた自負もありますが、改めてお手紙にしためられた想いを知るのはうれしいです。普段は改めて言葉にしないこと、今さら照れくさいこと、ちょっとぎくしゃくしている時のごめんね、胸の奥底にある想い……

お手紙って、控えめに言って最高のツールなのです。

お手紙に綴るのは「ありがとう」の言葉や想いが中心。お手紙に綴るだけでなく、わたしは感謝の気持ちはしっかり表現するようにしてきました。

我が家に何かテーマがあるとしたら、それは間違いなく「感謝」。こども達にも、「ママのところに来てくれてありがとう」って、幼少期からずっとずっと言い続けています。「ごめんね」よりも「ありがとう」のほうが絶対に波動の高いフレーズ。ありがとうで円滑に回ることが、家族内でも、友達関係でも、この先の人間関係全てにおいていっぱいあるはずだから。

ところで、わたしは過去をどんどん忘れるタイプです。記憶もデータも躊躇なく捨てちゃいます。恋愛に関してよく言われる、女性は上書きしてアップデート、男性はフォルダ分け、という表現、まさにそのとおりだと思います。

〝女々しい〟って言葉があるでしょう？　女はウジウジしている、が大前提の言葉だろうけれど、わたしに言わせればそれは違う。男性の方がよっぽど！　それはわたしの過去の恋愛経験から身をもって実感していること（笑）。

離婚したら、相手に関するものは全部ゴミ箱行き。ザーッと全部捨てちゃいます。上のこども達が小さかった頃は、まだデータの時代になる前だったから、プリントしてある写真類も元旦那さまが写っていたなら即処分。

ママはそんなわたしのことを熟知しているから、捨てられてしまったあれこれをこっそり救い出しておくの。で、「うわ。ゴミ箱開けたでしょ」みたいなバトルは昔からよくやっていました（笑）。

ある時ママが実家からドサッと写真を持ってきたの。中には愛郁とありあがパパと写っている写真も……。この時ばかりはママに感謝しました。こども達とパパとの大切な思い出だもん。

それからは〝バンバン捨てちゃいたいわたし〟を自分自身が反省して残す努力をするようになりました。

元旦那さま関係のものはなんでも捨ててきましたが、こども達からのお手紙だけはどんなことがあっても捨てません。大事な大事な宝物。全部大切にフォルダ分けして取ってあります。

親子でお手紙のやりとりをしない家庭がそれはそれは多いこと！

「どんなふうに育てると、自分からお手紙を書いてくれるこどもに育つの？」と聞かれることがありました。

それに対しては明確な答えがあります。わたし自身、折に触れこども達にたくさん手紙を書いてきたからだと思います。

つまり小手先ではなく親子で時間をかけて作り上げてきた習慣です。節目節目の手紙が、いつしか彼らにとっても基本のことになっていった様子。

遅いことなんてないので今日からでも始められる〝お手紙〟習慣。

是非ママのほうから、こまめにお手紙を書いてみてください。

07
自立心を養うこどもとの距離。

我が家のこども達は、わりとみんな自立していると思います。キャラ立ちもしています。こどもの自立について取材を受けることがあり、考えてみたら思い当たることがいくつかありました。

まずひとつめは赤ちゃんのうちから、ずっとひとり寝してきたところ。〝ひとり寝〟はこどもの自立を育んでくれると実感しています。

「寝かしつけながら一緒に寝落ちしちゃってた……！」

これ、赤ちゃんを持つママからよく聞くエピソード。

日本では幼稚園、場合によってはもっと大きくなるまでパパとママの間に寝かせています、という家庭もあるみたい。でも海外では、大人のベッドルームは大人のスペース、という考え方がスタンダードです。

もちろん住宅の事情が海外とは違うのは、大きな理由のひとつかもしれません。

我が家の寝かしつけは、小さな小さな頃だけ。思い返せば長男・海鈴の時にはわたしが実家のわたしの部屋に暮らしていたのもあって、こども部屋がなく、実際添い寝期がありました。

その頃のわたしの疲労と言ったら、とにかく限界マックス！　肉体的な問題なのか、精神的なものなのか、産後早々に辛くて仕方なかった記憶があります。

もしそのタイミングから別々に寝て、泣いたらおっぱいをあげに行くスタイルにシフトしていたら、どんなに楽だったのかその時のわたしは知りませんでした。

その後出産が続いたのもあって、こどもはこども部屋！　に切り替えました。

夜中に泣いたら何度でも行く形に変更。この時もこの時で正直しんどくなかったかと言ったら嘘になる。夜中こども部屋で寝かしつけながら、このままここで寝ちゃいたいと願ったのなんて数えきれません。

でもあの頃、期間で言うとほんの数か月で、こども達がこども部屋で寝る習慣をつけられたのは、後の生活でも本当にやってよかったことのひとつでした。

末っ子のポコちゃんともなると、こちらも寝かしつけのプロフェッショナルです。生まれてから早々に〝自分のベビーベッドで寝るのが当たり前〟の環境で育てられたので、退院後からひとりで寝てくれました。

ポコちゃんが2歳になるかならないかの頃、時折夜中に起きてはわたしのベッドにやってくることがありました。ふにゃふにゃ寝ぼけながらなんですよね。そして少し身体が温まったら、哺乳瓶を抱えながら自分のベッドに帰っていくの。もーその姿がかわいくてかわいくて仕方なかったのを今でもよく覚えています。

寝る場所は自分のベビーベッド、という認識が、言葉をしゃべるようになる前から彼の中では、ちゃんと芽生えていました。

彼自身にとっても自分のスペースがあるって大切なこと。親子で一緒に寝る、それは些細なことのようでいて、もしかしたら自立を阻むことでもあるのかもしれません。

わたしの場合はこどもの自立を目論んで始めさせたひとり寝ではないけれど、結果的によかった経験のひとつです。

話は逸れますが、上の3人は年齢が近いこともあって、どんなことでも兄妹で解決、というスタイル。こども達が小さい頃はわたしの仕事も今のように軌道に乗っていた訳でもなく、それぞれのお部屋なんて夢のまた夢。長い時間ひとつのこども部屋をシェアしていました。

3人は一緒にいる時間も長かったし、だからこそ長男をリーダーとして彼ら同士の強い結束が育まれていったのかもしれません。

長男は高校入学のタイミングで家を出てひとり立ちした訳ですが、家に残った次男と娘に、お兄ちゃんみたいにしっかりして！　とは言わなかったし、思うこともなかった。

こどもにはそれぞれのよさがある。

長男はわたしにとって真の理解者で、親のわたしですら、弱っている時なんかは頼りたくなるし、寄りかかりたくなるほどのしっかり者。だからといって、親元を離れて日々頑張っている息子に心配なんてかけたくないという想いが強かった。

親の仕事は学費を払うだけじゃない。人生のこと全般、なんでも相談しあえるフェアな関係でいたい。

親子っていろいろだけど、どっちかが寄りかかったり頼り切ったりじゃなくて、お互いがいい意味で支えあえるのがベスト。それがわたしの考える、究極の〝自立した親子像〟。

こどもの頃からしっかり者の海鈴だけど、そのキャラクターを決定づけるあるできごとがありました。まだありあが生まれて半年くらいの頃の事件です。

ある日の食事時、海鈴が苦手な食べ物をこっそりとゴミ箱に捨てていたのです。

初めて気がついた時には何も言わず、しばらく様子を見守ることにしました。当時我が家で一緒に暮らしていた愛犬のピットブル（名前は忍者）が、ご飯の時になると海鈴の近くに座るの。不思議に思って様子を見ていると、テーブルの下にいる忍者にそっと自分の苦手な食べ物をあげていたのです。

これはいけない！　そう思ってその日からご飯の時に忍者はリビング出入り禁止。この頃からご飯の大切さを教えるようになりました。そして、自分の食べられる分だけをお皿に載せることも伝えました。

当時、ちょうどアフリカ写真展が開催されていたので5歳の海鈴を連れて行きました。お腹がぱんぱんに膨れ上がったこどもの写真があったので、「この子はお腹がいっぱいだからお腹が膨れたんじゃないんだよ。お腹はぺっこぺこで、この子の暮らす場所にはたくさんのご飯がないの。栄養不足でお腹が膨れる病気になっちゃったんだよ」と教え、海鈴と一緒に選んだ小さなこどもの絵ハガキを1枚買いました。そして冷蔵庫に貼りました。

「世界中には食べたくても食べられない子がたくさんいるんだよ」

この言葉はわたしが小さい頃、母によく言われていた言葉だったので、同じようなことを言っている自分に驚きましたが、同時に言葉だけじゃわかるようでわからないとも思いました。

アフリカ展での写真を見せたのが正解なのかと問われたら正直わかりません。もっと他にも5歳のこどもに伝える方法があったのかも……。

ただ、その頃のわたしにできたのは、自分の周りにはないリアルを見せることでした。

せっかく作った料理を喜んでくれなかったことが悲しかったのはもちろんですし、自分の食べられる量を知ることもとても大切だと思いました。

ましてや食べ物を粗末にするなんて許せない気持ちでした。

そこからは大きな問題もなく過ごしていたのですが、アフリカ写真展から3、4か月が経った頃。ご飯が終わってゴミ箱を見ると、中には食べられなかったご飯とお皿まで

でも！　何もかもがそこに入っていたのです！

これにはさすがに驚き、同時に烈火の如く怒りました。

わたしは決心しました。これは実際に自分の目で見てこさせるしかない!! と、当時我が家で働いていたお手伝いさんの故郷へ、海鈴をひとり旅させることにしたのです。行き先はフィリピンのマニラ。首都マニラから車で3時間ほど離れた村。ひとり旅とは言え、お手伝いさんがちょうど帰省するタイミングだったので、彼女の故郷のプロパティでホームステイをさせてもらったのです。

そこでは好き嫌いを言う余地なんて当然ありません。2007年なんて、今とは違ってまだスマホもありません。

出発の日、成田空港から飛び立つ海鈴を目の前に、〝わたしはなんて決断をしてしまったんだろう。海鈴に何かが起きたらどうしよう……〟と、ザワザワした気持ちでいっぱいになり、今にも涙があふれそうなのを押し殺すのに必死でした。

笑顔で見送らないと! わたしが笑顔じゃなかったらこの決断の意味がわからない!

趣旨がブレぬように、必死に笑顔でお見送りをしました。

いつもの生活が決して当たり前なんかじゃなくて、すごく恵まれていることを知って欲しかったの。ただそれだけなのに、自分も行ったことのない村に送り込むなんて……。

とにかく不安でたまりませんでしたが、着いたらすぐに連絡があったし、毎日楽しく過ごしている様子を国際電話で教えてもらえて日に日に安心していきました。

2週間が経ち、愛郁を連れてマニラまで海鈴をお迎えに行きました。わたし達を迎えに空港まで来てくれた海鈴は、なんだかすっかりお兄さんに見えました。現地の子のような振る舞いで驚いたのを鮮明に記憶しています。まず到着と同時に海鈴が発したのは「Mom, don't speak Japanese」でした。ママ、ここでは日本語あまり話さないでね、と言われたのです！　つい2週間前に旅立ったこどもとは思えないような発言。現地の人が教えてくれたことを全て覚えて吸収していたのです。

今思い返すと、海鈴の自立心は、この旅が大きなきっかけ。この経験が彼を育んでくれたと感じます。

精神的な自立も大事。同時に将来自分の足で立って生きていくための経済的な自立も大事。わたしがいつも逆算しながら生きているように、こども達にも将来の自分の姿を明確にイメージしてもらいたいと思っています。

お稽古ごともそう！　我が家ではお稽古ごとを始めて少し経つと〝プロになるのか・なりたいのか〟という問いが、わたしから突きつけられます。

兄の海鈴と同じように、次男の愛郁もサッカーとレスリングを習い始めました。

いつもにこにこの愛郁は、サッカーの練習中はみんなから少しだけ離れた場所にいて、そこには入らず団子になっているみんなを、少し外から見守っていました。

（これはポジション的なことではなく、小さい頃はみんながボールの周りを団子のようにくっついて、集まってサッカーすることを団子サッカーと言ったりします）

レスリングでは兄の優勝をずっと隣で見ていました。

時に負けて準優勝になると、泣いて悔しがる海鈴とは対象的に、愛郁はたとえ負けても、「試合しました。終わりました。はいっ」という感じ。にこにことマットからわたし達の方へ笑顔で駆け寄ってきます。本人はあっけらかんとした感じなのです。


愛郁が小学校に上がって間もない頃、わたしは聞いてみました。「サッカーのお稽古にどんな想いで通っているのか。海鈴と同様に愛郁もサッカー選手になりたいのか」。

その問いに対しての愛郁の答えは「ＮＯ」でした。

それなら話は早い。

「だよね、だったらそんなにサッカーに時間かけなくてもいいよね？」

彼が輝く場所はサッカーではないと判断しました。


３人が幼稚園や小学校に通っていた頃、わたしは駆け出しシングルマザーでしたので、とにかく家計に余裕がありませんでした。

プロ選手になる気がないなら辞めさせよう！　それがわたしの中でのルールでした。

そこで彼らの本気度を図っていたのかもしれません。
職業にしたいのか、趣味でいいのか、それによってかけるべきエネルギーは全然違ってきます。時間も気持ちも、お金も……。

こどもが一所懸命向きあっていることに対して、ストレートにものを言い過ぎだと驚く人もいるかもしれません。ただ趣味で身体を動かすお稽古ごとくらいさせてもいいのでは？　と思われるかも……でも、当時の我が家には金銭的な余裕がなかった。そしてわたしは心にも余裕がなかったのです。
あの当時の判断に間違いはなかった。何年も経った今になって改めて実感しています。プロになるの？　なれる素質はあるの？　小さなこどもに対して投げるには厳しい質問。ですが、違うのであれば、いち早く他の可能性に目を向けさせたい。他の選択肢を考えさせてあげたかったのです。

親が勝手に決めるのはダメ。違うからと力ずくで引き離したり、本人の意思が無いところに目を向けさせては逆効果。

大事なのは、こども本人に考えてもらって、本人が気づくこと。冷静に気づきを与える声かけがポイントです。

2017年 愛郁ありあオーストラリア短期留学お見送り

2017年 愛郁ありあオーストラリア短期留学お見送り

08

強い身体が作る強い心。

小さい頃のわたしは、たくさんの習い事で毎日大忙し。「やりたい！」と言えば、母はその願いを全て聞き入れてくれました。

わたしがしてもらったように、わたしもこども達がやりたがることは、なんでもやらせてきたつもり。ダメって答えたこと……おそらくないと思います。

習い事をたくさんやらせてきた理由はいろいろだけれど、一番にあったのが〝関心の種を育てたい〟ということ。

習い事が新たな可能性の扉を広げるきっかけになるかもしれません。

学校というコミュニティだけじゃなく、また違った世界にも目を向けて欲しいという想いもあります。

もちろん、時間だけじゃなくお金も結構嵩んでしまう。娘の場合は、テニスやバレエ、他にもいろいろ。一流のお教室で素晴らしい先生にお願いするとなると、お月謝やその他もろもろ……相当な出費です。

もちろん、すごく大変だった時もありました。毎月やりくりに必死でした。わたしの母も今のわたしと同じくシングルマザーだったから、あんなにいっぱいのお稽古に通わせてくれていたということは……と、今さらながら大変さに気づき、改めて感謝の念を抱くきっかけにもなりました。

二度目の離婚をしたあと、少しの間、2LDKのマンションに4人で暮らしていました。狭くて窮屈で生活にも余裕がなかったけれど、そんな時だってこども達がやりたがっている習い事を我慢させたくはなかった。

お月謝を捻出するために、大事にしていたバッグや時計を手放したことだって、一度や二度じゃない。買った時は高かったはずなのに、売るとなると二束三文にしかならなかったりしてね。

だけどそれが少額でもお金に換わって、こども達がやりたいことの足しになるのならそのほうがよかったし、彼らが喜んでくれるほうが幸せで。売ったもの、絶対に取り返すぞ！　と、仕事を頑張る原動力にもなりました。絶対に大切なもの達は、モデルのお仕事でちゃんと取り戻してきましたから。

それでも、「あれ、あ、そっか。あのバッグ、もうないんだ」と思うことが、今でもたまにあります。こども達は、わたしがそんなやりくりをしていたことなんて、知る由もありません。

今はそこまで困窮することはなくなったけれど、わがまま放題な娘に、「こんな想いで子育てしてきたのよ！」と、涙ながらに語りかける熱い時間を持ったこともあります。その渦中にいる時は決して口にできなかったけれど、過去のできごとになってきたからでしょうか、当時の苦労をようやくわたしも話せるようになったのだと思います。

そんな数多くの習い事の中でも、特にやらせてよかったと思うものが〝レスリング〟。レスリングとの出会いは、二番目の元旦那さまであるＫＩＤくんがきっかけでした。

USA

2007 8 11

光を讃える
少年少女レスリング選手権大会
山本海鈴

上のふたりは、まさにレスリングに鍛えてもらいました。決して大袈裟じゃなく、本当にそう。

幼いながらに人間関係や絆を学べるし、3歳とか4歳とかのまだ小さいこどものうちから、投げ飛ばされて痛みを知ることにもなります。

どんなことをするとどんな痛みを感じるのか、それを理解する機会ってありそうでいて、今ではなくなりつつありますよね。

でもふたりは〝痛い思いをした〟という実体験があるから、誰に対しても優しいし、人の気持ちがわかるこどもに育ってくれたという確信があります。

わたしもこどもの時に、これを習っておきたかったな、としみじみ思ってしまうくらい。

ポコちゃんにも絶対にやらせるつもりでいたので、3歳になったかならないかくらい、まだオムツが取れる前に海鈴と愛郁が通っていたお稽古場に連れて行きました。

痛みって、フィジカルなものはもちろんだけど、マインド的な部分にもあるもの。

痛みを知っているから、相手はどうだろうって想像するし、想像できるようになる。ちょっと人間関係が希薄になりつつある今の時代。匿名で人の誹謗中傷をする人もいるのが現実。

だけど、新保家のこども達が人の気持ちを思いやったり想像力をふくらませたりすることができるのは、やっぱりいろんな習い事を通して多くの経験を積んだからこそ。彼らの優しさに触れる時、お稽古を続けさせた苦労や努力が報われた、そんな想いを抱きます。

スポーツ系の習い事をたくさんさせてきて感じるのが、我が子のフィジカル面のタフさ。その様子を見ながら、強い身体にはタフなマインドが宿るということも実感。

こどもだけでなく親も同じ。身体が整っていない時はどうにも気分が上がりません。ポジティブに、アクティブに、人生を生き抜いていくためには強い身体が絶対条件なのです。

2023年 愛郁 UCLA Summer School

身体や健康だけでなく、改めて大事だな、と実感することがもうひとつあります。

それは〝勉強〟。

〝筋肉は裏切らない〟よろしく、〝勉強は裏切らない〟。これはわたしがこども達によく伝えてきたことです。


お金やモノは失くしちゃうこともあるし、誰かにだまし取られたり、盗まれちゃったりする可能性だってある。だけど自分の脳に刻み込まれた知識は誰にも奪えない、自分だけの貴重なホンモノの財産。

知識だけじゃない、経験もそうだし技術もそう。

わたしはほとんど勉強をしないでここまできたぶん、今は学びたいことだらけ。知りたいこともいっぱい。とにかく知らないことで損したくないし、知ってうまくいくことならばとことんまで知りたい。

という訳で、わたしは大人になってから本を読むのが楽しくなりました。

1000円そこそこで自分への投資ができるなんて、素晴らしいことだ、と感じるようになって以来、本を買うことが自分力アップの投資的な感覚にすらなっています。

こどもの頃は勉強する意味なんてわからない。「これがいったい何の役に立つの？」と反発しちゃうのもしょうがないよね。

わたしはそれで勉強から逃げてきちゃったけれど、今となればあんなに贅沢な時間はなかったな、と思う。時間が経って大人になり、得たものや失ったものがわかったからこそ気づくことができました。

わたしは自分の人生に必要だったり、得になったりすることだと俄然やる気が湧くタイプ。まず、24歳頃に向きあったのが、それまでネイルサロンにかけていた出費について。

女の子ならわかると思うけど、ネイルアートは一度始めるとまさに沼。何年か前まではアートもゴリッとほどこしたりして、毎月の出費もなかなかの金額だったの。

これさ、きっとこの先、一生やることになる、ということは……？　と電卓をはじいてみたのです。

当時わたしはハンドとフットで毎月約４万円。年間にすると48万円。ここから60歳までだと考えたらこの先36年間……つまりは48万円×36年＝１７２８万円!?

驚愕の金額だと気づき、だったら自分でやっちゃおう！　と調べ始めました。

当時通っていたネイルサロンがスクールも運営していたので、資格はそこに通ってゲット。お友達を自宅に招いて練習台になってもらうのも、楽しかったし喜んでもらえるのもうれしかった。

でも自分にするとなると、これはやっぱりやってもらうほうがいい！　サロンでネイルをしてもらう楽しさにも改めて気づくきっかけとなりました。

結果、今は再びネイルサロンに通っています（笑）。でもこれもやってみないとわからなかったこと。


そして、わたしと言ったら〝ブラジリアンワックス〟に触れない訳にはいきません。それくらい、十数年にわたり、ブラジリアンワックス脱毛の話をメディアでもしてきました。

実はこれもネイルと同じ発想。自分でできちゃったらいいかも！　と、資格を取得。肌の色も毛の色も関係なく、肌に優しい脱毛方法としてワックス脱毛の魅力を広めたい！　という想いから、こちらはサロンを立ち上げるまでに至りました。

お勉強の話から少し逸れましたが、勉強なり技術なり資格なり、自分に染み込んでいくものには時間もお金も投資すべき。

こういった確かなものがなかった頃は、自分に自信が持てなかったし中身がからっぽな気がしていたけれど、今ではそんなふうに思うことはありません。ぽっかり空いていた穴はちゃんと埋まっていった気がします。

こどもも同じ。ちゃんとした身体や知識、経験を積み重ねることで、自分に自信が持てるようになるのです。

だからと言って、頭ごなしに「勉強しなさ――イッ！」と毎日繰り返したって、こどもがやる気になることは〝絶対に、ない〟！　うちの子にはどんな言い方が響くかな、と、表現方法を考えてみるのもママの大事な仕事。

お勉強がイヤでイヤで大人になった効率重視のわたしが、しみじみ「あの時、勉強しておけばよかった！」と思う訳だから、これは本当に本当のこと。

知識や経験は自分の血となり肉となり誰も奪えないものになります。

身体を鍛えること。そして勉強すること。
根気よくこども達に伝えてあげてみてください。

2023年 愛郁高校卒業

09 陰口・悪口・嘘は、絶対に言わない。

〝こどもに陰口聞かせるべからず。悪口言うべからず〟

これは我が家のルールの中でも、特に厳しく取り締まっている上位の案件。


まず、陰口・悪口について。


わたしの人生には素晴らしいご縁が何度かあり、結婚という形を取りました。が、訳あって離婚に至り、4人の元旦那さまがいます。

別れたあとも4人のこどもの父親であり、父親の役割を担ってくれていた彼らのことを、尊敬し、尊重してきました。

彼らはわたしが真剣に恋愛した相手。やがて夫婦となり、赤ちゃんを授かり、わたしがこうして母になれたのも、彼らがいたからこそ。他の章でも触れている通り、ここには感謝しかありません。

前述したように、〝訳あって〟離婚を選択したわたし、そこにはやっぱり理由があります。ポジティブかネガティブかと言ったら……そりゃ、ネガティブ要因が大きい。

けれども、それは〝大人同士〟の問題。こどもには関係ないことです。

どんな問題があろうが、どんなにこども達が心配してわたしに寄り添ってくれていたとしても、わたしは彼らのお父さん達を悪く言ったりはしません。

結婚も早かったけれど、最初の離婚も弱冠20歳。若くして離婚を経験した未熟なママではありましたが、そこだけは強く決意していました。

特に二度目の離婚を経験してシングルになった時は、こどもが3人に増えていて、責任もさらに重大に。銀行口座の残高が心配で眠れないことも。

今後、親としてちゃんとやっていけるのだろうか……目に見えない不安で頭がいっぱいになりました。

離婚しても、こども達にとってのパパはこれまでと変わらず〝ヒーロー〟であり続けて欲しい。それはわたしの絶対に譲れないこだわりでもありました。

〝彼らの中のヒーローを大切にしてあげたい〟と自分に誓ったにもかかわらず、心がギリギリ、綱渡り状態の感情を抱えたわたしは、いつかこども達相手に、台無しにしかねない発言をしてしまうんじゃないか……常に自分に自信が持てなくて不安でいっぱいでした。

そこでわたしは決めました。

〝誰かの話を他の誰かとはしない。不満がある場合は本人に伝えよう〟と。

いずれは知るかもしれない〝大人の事情〟や〝夫婦の問題〟を、まだ幼い彼らにはどうしても知らせずにいたかった。

離婚当初は不満があったら、元旦那さまに電話。ことあるごとに電話をしては文句を言ってスッキリ。後にその電話は子育てに関する八つ当たりコールセンターと化したのです（笑）。結果としてこれがよかったように思います。

未熟なわたしでも、こども達にパパの愚痴を言うことなく、自分のネガティブな感情をコントロールしたり乗り越えたりすることができたのは、不満に感じている張本人に気持ちを直接伝えることができたのが大きかったのです。

離婚の理由はカップルの数だけあります。相手を憎んだり責めたりしてしまう人も少なからずいるはず。中にはこどもにパパの悪口を言って悪印象を植え付ける人もいるみたい。

いくらそれが本当のことで、事実だったとしても、こどもにとっては〝自分の親〟。聞いた時のショックや傷は計り知れないと思うのです。

わたしの両親もわたしが10歳の時に離婚しています。

当時、母は理由を教えてはくれなかったし、何でも知りたいわたしはイライラしていたのですが、それはきっと母の思いやりゆえ。あの時、母がわたしに父との離婚理由をこと細かに話してくれていたら、わたしの父に対する気持ちや感情は変わっていたかもしれません。

そんな実体験も踏まえ、〝パパの悪口は言わない！〟と決めました。

決める以前に、わたしには〝言うスタンスがそもそもない〟というのが正解かもしれない。それはこども達だけでなく、友だちの前でもメディアに対しても、スタンスは同じです。

最後の離婚は、ほぼ誰にも言わず自分だけで決めたので、発表に向けて動き出す頃、近いお友達だけには離婚という事実のみを伝え、理由は言いませんでした。

2000年代始めのある日。当時わたしがレギュラーで登場していた雑誌『ViVi』のメイクルームで、あることが話題になりました。

それは『2ちゃんねる』という名前の巨大掲示板がインターネット上にあるらしい！ということ。

そこで、その場にいたモデルみんなで、話題に上がった掲示板をのぞいてみることにしたのです。

「怖い！　絶対に身内しか知らないことなのに！」

読んでいたモデルのひとりがそう言いました。その言葉を聞いて、自分のことではないのにすごく怖くなりました。

常にエネルギーがあり余っていた中高生時代のわたしは、地元では有名なやんちゃ娘でした。書かれるネタなんていくらでもあるのは自分でも安易に想像ができます(汗)。

「巨大掲示板!?　なにそれ……こっわ」と。

以来、その類のものは一切見ないようになりました。

時に事実もあるかもしれない。でもそれ以上にほぼほぼが事実と異なること。

それを若くして経験していたからです。

わたし自身、早い時期からSNSを活用してきました。

近頃ではＳＮＳを投稿すると、ネットニュースでトピックとして取り上げていただくことがあります。ニュースのリンクをシェアしてもらうので記事は読みますが、そのコメント欄などは一切見ません。

同様に、いわゆるエゴサーチとやらも封印。

事実かどうかもわからないし、書いてあるのがいいことばかりとは限りません。攻撃的な内容の場合も……むしろそっちの可能性のほうが高いかもしれない。

わたしを知らない人の言う言葉に振り回されたくないし、傷つきたくもない。

自分の考えと周りの大切な人たちの生の言葉を大切にしていたほうが、圧倒的に幸せだと思うからです。

今じゃすっかりタフになったけれど、メディアでの露出の経験しかり、噂話や陰口でも、わたしもたくさん傷ついてきた過去があります。

「ＭＡＬＩＡ．のこと、誰々が何々って言ってるよ」みたいなおせっかいな告げ口、ありますよね。みんなも人生で一度は経験したことあると思いますが、この類い、ものすごく嫌い。〝自分じゃない誰かの話〟をずっとしている人は苦手です。

人生には、結婚や妊娠出産、お別れ……それ以外にも話のネタになりやすい話題はいろいろあります。どれも当人にとっては大事な人生の節目。軽々しく&面白おかしく語られたくないはずなのです。誰かの言葉で歪んだ伝わり方をするべきじゃない。

若い頃のわたしは、「SO HAPPY YEAH!」みたいな、今以上にお気楽キャラでした。何気ないひと言で誰かをイヤな気持ちにさせちゃったことも、きっと一度や二度ではなかったはず。悪気なんてなくたって取り返しがつかないことがある……だからこそ、いいことも悪いことも、たとえ当人から聞いた話であっても、わたしの口から話題にすることはもちろん、話題に乗っかることもありません。

よく、「女性は共感脳、男性は論理（解決）脳」と言われたりします。

わたしの場合は、誰かの噂話や陰口ではなく、〝きれいなもの、美味しいもの〟の話題に反応するタイプの共感脳なのです。

そしてもうひとつ大事なこと。

嘘について。

わたしは嘘をつくのもつかれるのも大嫌い。

こども達に対して特に怒るのは、嘘をついた時。中でも家族に対しての嘘は一番許せない。一番大切な存在に対しての背信行為は言語道断！　言葉だけじゃなく、信頼を乱すような行動も、隠しごとも好きじゃありません。

家庭だけでなく会社でも、男女においても同じ。嘘をついたら、その先の信用はないです。

お互いに嘘をつかない、信じることのできる関係って、人間関係の基本でしょ。べースに偽りがないから信じあえる訳で、そこをすごく大切にしてきました。

だからまずは、わたしから〝こども達を１００％信じ切る〟。信じ切らせて欲しいの。

そのための大前提として、嘘をつかない真っ向勝負の関係性を築くことを日々心がけています。


悪口・陰口は言わない我が子達ですが、残念ながら、過去には嘘も隠しごともありました……年頃になって増えたかな。

それでもわたしは諦めず、伝え続けています。小さいこともしっかり拾って向きあいます。どんなにうるさいなと思われてもこれだけは守って欲しいから。


〝陰口・悪口・嘘は厳禁！〟です。

10
知っておきたいお金のリアル。

きちんと学ぶべきことがたくさんあるにもかかわらず、日本の教育では触れられない案件のひとつが「お金」であり、「経済」。
わたしにとってお金とは、生きるために必要不可欠なツールであり、幸せに生きるための道具。
お金が全てだとは思わない。でもお金が自由を与えてくれるということは否定できない事実です。

お金に関して無知だったわたしが、この問題に取り組み始めたのは会社を経営するようになってから。必要に迫られるまで、なんの知識もありませんでした。

わたしはいわゆる単独経営者。ビジネスパートナーがいる訳でもなく、大事なお金周りのことを教えてくれる人はいませんでした。そこでわたしが教えを請うたのがビジネス書。簡単なものから難しいものまで、とにかくたくさん読み漁りました。

少し知識が入ってくると、これ学校で教えてくれればよくない？　親からも聞いたことなかったんだけど……！　とだんだん疑問がわいてきたのです。

「お金のお勉強ってみんなどこでしているの？　独学？　節約上手さんは親がそうだから？　てか、節約ってどうやるの？」って。

あとでどうせ学ぶ必要が出てくるならば、こどもの頃から教えればいい。学校で教えてくれないなら、家で教えてあげないと。だから新保家はお金についても赤裸々です。


わたしとお金について、これまでの人生を少し振り返ってみようと思います。

小・中学校と通ったのは地元横浜の公立校。受験して私立高に進学するも、入学早々に自主退学。カナダの私立高校に留学することになりました。

中学卒業の少し前からストリートスナップの撮影に参加。お給料という形でギャランティをいただくようになりました。

あの頃はお仕事という感覚もなかったけれど、思い返せばここがわたしの働く人生の始まりとなる訳です。


小さい頃から母にはなんでも買ってもらえたし、いろんなところへ連れて行ってもらいました。お金がかかるようになる高校時代には、自分で稼げるようになっていたので、欲しいものは母に交渉するまでもなく自分で手に入れることができました。

記憶を辿っても、お金に関する苦労はほとんど思い当たらない……。お金に関する知識が必要となるのは、もっとずっとあと、大人になってからです。


モデルのお給料の使い道は主にファッション。当時はマルキューのギャルブランドだって数万円するものばかり。プチプラで高見えする服なんて、今ほどなかった時代です。

わたしのお気に入りは〝アルバローザ〟や〝ミ・ジェーン〟のお洋服、〝アイドル〟

のサンダル……。マルキューブランドのアイテムを買うために、撮影でいただいたお給料は右から左、あっという間に使い果たしてしまいます。

そして疲れた日には都内から横浜（！）の自宅へタクシー帰宅。お金の貯め方は知らず、使い方は誰に習った訳でもないのに派手（笑）。とんでもない高校生だったのです。

そんなわたしが10代で結婚したお相手は、同じ年のプロサッカー選手。まだまだ未熟だったわたし達は、ことあるごとに衝突しました。きっかけはというと、お金がらみの意見の相違がほとんど。堅実な彼と浪費家のわたし。金銭感覚が著しく合わなかったのです。

10代のわたしにとって、ふたりの価値観の違いは到底受け入れられませんでした。今になって思い返してみると、彼はとても素晴らしかった。あの若さで堅実にお金の管理ができていた、そのことひとつ取ってみても、ただただ凄いと思います。

最初の彼と別れてまもなくした頃。
プロデビュー前の格闘家と出逢い、恋に落ちました。

デビュー戦が決まった彼からプロポーズされ、わたしは二度目の結婚を決めます。
それでも、わたしはまだ20歳。

プロデビューした彼と結婚して出産、2児の母として奮闘していた21歳の時にわたしは、彼のマネジメント会社の〝名ばかり社長〟に就任。ここで多くのことを学びました。わたしが経営者のキャリアをスタートさせたのは、まさにこの時です。

なんの知識も持たないわたしは、日々ぶっつけ本番。失敗の数々も無知によるもの。
必要に迫られて学んで解決して……この繰り返しでなんとかここまでやってきました。

失敗も苦労も過ぎてしまえば〝経験〟という大きな財産です。
お金の大切さはもちろん、稼ぎ方、運用の方法……わたしの知っていることは全て伝えたい！ そんな想いでこども達にはお金の教育をしてきたつもりです。

海鈴が14歳の時に、『13歳からの金融入門』（日本経済新聞出版）という本を買い与えました。この本、こども達にとっては初めてのお金の本となります。わたしの経験談だけでなく、基礎を学んで欲しかったのです。

この本は、お金の種類や外貨についてなど、基本のきに関することから、株や借金にまつわる知識などがわかりやすく書かれた一冊。大人のわたしが読んでもためになる、お勉強になる内容です。

この本で著者が何度も書いているのが、〝自分の稼げる収入の範囲で生きていかないといけない〟ということ。

これは生きていくのにとっても大切。当たり前なのに、できていない人の多いこと！

わたし自身の経験をふまえ、こども達には、「稼ぐ力」「貯める力」「増やす力」を身につけてもらいたい、将来的には「守る力」を培ってもらいたいと考えるようになりました。

お金を知ることは、人生の選択肢が増えること。

たとえば、一万円の稼ぎがあれば五百円のものも五千円のものも買える。稼ぎが二千円だったら五百円のものは買えても五千円のものは買えない、ということです。

お金の有無で、できることとできないことがある、その事実を知ると、自分の将来の収入もここに結びつけて考えられるようになります。

お金が全てではないけれど、お金があることで自由になれるというのも事実。ないことで諦めなきゃいけないことが出てくるのも現実です。

小学生の時から、お金のことや経済について効率よく教えてもらえたらいいけれど、お金のことはあまり口に出さないのが美徳とされている日本、この辺はまだまだですよね。

長男は、プロのサッカー選手になるという明確な目標があったので、あとの章で触れる〝セルフミーティングノート〟をつけさせました。

下のふたりにもノートをつけさせたことがありますが、長男のような明確な目標が

Happy Birthday
海鈴20歳海緒4歳

ない段階では効果的ではないと気づきました。そこでふたりには〝現金出納帳〟をつけさせることにしたのです。

わたしが考えたのは「ママがやっているような会社ごっこをしましょう。お会計の勉強をしましょう。お買い物をしたら領収書をもらいましょう」というアプローチ。次男と娘にはお金に意識を向けさせる方針に転換。将来どんな職業を選ぶとしても、お金の知識は決して無駄にはなりません。

こどもにはなるべく苦労をさせたくない、生々しい部分を知るのは大人になってからで十分、という考え方もあります。きっとわたしの両親もそうだったと思うの。親になり、いろんなことを経験して苦労して、初めて自分もこんなふうにしてもらっていたんだ、と気づく人も多いでしょう。わたしもそのひとりでした。

今のわたしは、こども達がやりたいこと、欲しいもの、たいていのことはやってあげられるようになったけれど、ここまでの道のりは決して平坦ではなく、とてつもない苦労もしてきたつもり。いつしかわたしは、こども達にその大変だった部分も含めて知って欲しいと思うようになりました。

これから自分で働いて稼いで生きていくこども達。

自分のお金を増やすため、守るために、知っておいたほうがいいこと……いっぱいありますよね。母として、人生の先輩として、持っている知識や知恵を全て教えてあげたい。

高校卒業前にクラブチームへの入団が決まり、初任給をもらう海鈴に話したことの中のひとつ。それは、〝これからもらう初任給とそれから入ってくる収入を、いかに効率よく運用すべきか〟ということ。無駄なく損することなく、ちゃんと正しく使って欲しいからです。

わたしにとっての得は、こども達の得。彼らが得すればわたしは満足。

「あなたがたはそれを使って、得をして、広い世界を知りなさい。いろいろ見なさい」

――そんな感覚。

わたしの考え方は、目の前に落ちている石を全部取り払ってあげる、過保護な親に聞こえるかもしれない。でも全然そんなつもりではないの。どんなに話しても伝えても、つまずく時はつまずくし、悩むし、転ぶものだから。

お金の話についてくるのが保険の話。次男と長女の父親は41歳、そのお母さん（こども達の祖母）は51歳、どちらもガンで亡くなりました。

ガンという病は遺伝的な部分が大きいと言われます。諸説あるので一概になんとも言えないけれど、リスクを考えると保険に入っておいても損はないはず。

将来、必要性を実感した時に入るのでは遅いと思い、次男の愛郁には高校生になるタイミングで、保険の仕組みや銘柄についてじっくり説明しました。

「今後、絶対に保険料を払い続けなさい。60歳まではなんとしてでも」と伝えましたが、保険に対する考え方は人それぞれ。

日本の会社に勤めていれば、社会保険でカバーできる部分も大きいようです。

保険料を毎年35万円、今から30年間払い続けると、約１０００万円。病気にならなければ損失です。決して簡単ではないけれど、この金額を自力で貯めれば、それ以外のことにも使えるし、もちろん治療に使ってもいい。保険と貯蓄、どちらを選択するかは考え方しだい。自分が納得するやり方を自分で決めればいいのです。

統計上出ている事故や病気で死亡する確率を考慮して、死亡、自動車、火災、この3つをしっかりカバーしてくれる保険に入っておけば安心。そんなふうに伝えています。

そして、家に対する考え方。最初は賃貸でいくのか、それとも小さい家を買うのか、どっちがいい？　って。考え方はいろいろだし、決めるのは本人。わたしはどちらもプッシュしない。ただ伝えるだけです。もっと選択肢があるかもしれないけど、わたしがこれまでの経験から知っていることだけでも、惜しみなく伝えたい。知っているのといないのとでは、全然違うから。損して得取れ、とはまさにわたしの経験が物語る。損をするかしないかは〝知っている〟か〝知らない〟かの差でしかない。

あの時のお金をこうしてこうしていたら、あの時あの家を買っていたら……と考えると、今頃はマンションどころか、ビルのひとつやふたつは持っているな、と思うこともあります。でも、それは結果論であり後悔はありません。

長男の海鈴はまだ若いので、小さい家から徐々に大きくしていくことも可能。プロ契約が決まった彼とはそんな会話をしていました。

――最初に住む家を買って、結婚することになったらそこからスタートしてもいい。貸してもいいし、売れるだろうし。どんどん次のステップにいくたびに買い替えていってもいいんじゃない？――

わたしが考えられるプランを提案しつつ、自分の経験についても話してきました。〝こうしておけばよかった、あの時ママはこんな失敗をした〟、でも、〝今はこれがわかっているから、ここはうまくできている〟。その両方を教えています。それこそ、学校はもちろん、誰も教えてくれないこと。

会社員と自営業の違いも伝えました。海鈴のようなスポーツ選手だと最初は難しいけれど、会社員のように固定でもらえるお仕事の場合は、逆にローンを組みやすいこともあるよね、だったら早めにローンを組んで持ち家にするという考え方もありますよね。ただ、ローンを組むと言うことは負債を抱えることになるので、自分の身の丈にあった負債なのかどうか……そして〝負債とは何か〟を知ることもとても大切。

あと、カードのポイントも大事です！　ポイントを効率よく貯められるカード会社を選んだり、航空会社提携カードを作って、特典マイルが貯まるように！　とか。ここ意外と重要。わたしのポイ活知識スゴイんです（笑）。

〝生きる術というほど大げさではないけど、教えてもらう機会があったらわたしも習いたかったな〟を、わたしが彼らに教えてあげればいいの。子育てにはタイムリミットがある！　だから伝えられるうちに、ちゃんと伝えておきたい。

ちなみに愛郁には、お年玉をビットコインであげたことがあります。

稼ぐということについて話して聞かせたり、小さい頃から工夫をしたりしてきたつもり。反応の薄い次男、響いているの？　どうなの？って、ずっとわからなかったけれど、その成果がやっと出てきたのか、近ごろビジネスに関心がある様子。
意外とわたしと似ているところがあるのかもしれません。

若い頃のわたしは全然倹約家じゃなかったし、派手に使うタイプだった。だけどこどもに伝えているのは、お金を無駄にするなとか、かなり堅実な話。わたしには無理だったけど、こうしていたらよかったな、をこども達に共有している感覚です。

ちなみにアルバイトもしたほうがいいと思っています。自分でお金を稼ぐ大変さを知れる場だし、いろんな職場を経験して揉まれてきなさい、ちょっと意地悪な上司（常識範囲内で悪質は除く）にあたればそれもいい経験だよね、って思う。
人と関わる経験は多ければ多いだけ自分の成長になると思う。

お金について話すのはタブーじゃないし、それって悪じゃない。正しい知識と価値観をこどもの頃から養っていくのは、親の義務だと思います。

11
お家で教える性教育。

お金のお話に続き、学校では教えてもらえないことのひとつ〝性教育〟。

わたしが中学生の時（今から25年前）、精子と卵子が結ばれる話をお花のおしべとめしべの話にたとえて教えられました。その話のあと、男子と女子は別々の教室にわかれ、女子の教室では生理についての説明がありました。

正直、そのタイミングですでに生理がきている子もいました。今さらそんなこと教えられても……という空気も感じる教室。〝保健の授業〟では活きた情報など得られませんでした。

カナダの高校に進学した時、とにかく驚いたのが性の授業。

日本では考えられないほどに詳しく、性病の種類や女性の身体に起こる可能性のあることなど、今ではよく耳にするＰＭＳ（月経前症候群）も授業に出ました。

もちろんテストもありますから、ちょっと恥ずかしい気持ちでくすくす笑いながら聞いていた日本での授業と同じようにはいきません。覚えることもたくさんで、真剣に取り組まないと単位を落としちゃう。とにかく必死にお勉強しました。

この頃授業で学んだことは、わたしの人生の経験としても、とても大きな学びとなったのは言うまでもありません。

こどもを日本の学校へ通わせることに決めたあと、身体の大切なことを教えるのは自分しかいない！　といつしか覚悟のようなものが芽生えたのは、日本と海外での教育の違いを、肌で感じてきたからだと思います。

我が家のメンバーはとにかくオープンです。性のことのみならず、笑い話もするし、真面目な話もいっぱいします。わりとなんでも、どんなことでも話す家族です。

わたしが取材などで年頃のこども達との会話を話したりすると、初めての方はたいていとても驚くみたい。「どうしてそんなに話してくれるの？　どうやったらそんなに話してもらえるようになるんですか？」と聞かれます。インタビュアーの方が親御さんの場合は、必ずと言ってもいいほど。

それくらい、親子の会話を維持し続けるのは難しいことなのかも。

こどもって思春期を迎えると親には内緒なことが増えてくるでしょ。それはわたしも一緒。というより、わたしはとにかく言いたくなかった。

今思えば、聞いたことをはぐらかされてきた、幼少期のモヤモヤからきているのかも。大人になるまで随分と根に持っていたので、自分は自分のこどもとそうなりたくない気持ちが、人一倍強かったのが影響しています。

わたしのように何かの経験から根に持つようなことがなかったとしても、年齢と共に教えてもらえない事項が増えると思うのです。

特に恋愛や性に関しては、国家機密事項なんですか!?　というくらい、親がこどもから教えてもらえない案件のリストに入ります。

「どうしたらＭＡＬＩＡ．ちゃんちみたいな親子になれるのかな」と聞かれた時、必ず答えるのは、「急には無理だよね」ということ。

突然そうして欲しいと親が頼んだとて難しい。ここまでずっとこどもの身体の話題を取り上げてこなかった家庭で、「思春期になってきたわね、はい、じゃあ今日からママがなんでも答えてあげます！」と言われても、性＝恥ずかしいもの、といった風潮がある日本で、それは無理難題というものです。

我が家では、コンドームの存在や大切さについてわたし自身が教えましたし、「キスの時、なんで舌を入れるんだろう？」という疑問に対しても、一緒に理由を考えました。

こんなことを人に話すと、当然かなり驚かれます。

我が家はかなりオープン。隠しごとはありません。小さい頃からの積み重ねが、こども達とわたしをなんでも話せる関係にしてくれたのだと思います。

ちょっと答えにくいから、と答えをはぐらかさず、こちらが少々照れてしまう質問が飛んできても逃げずに答えることがとても大切。

これは性に限らず他の事柄でも同じ。

いつか絶対に向きあうことになる問題なら、他の誰かに教えてもらうのを待つのではなく、親の言葉に素直に耳を傾けてくれる幼少期からスタートするべき！　というのが持論。

とは言え、ママになる前から心づもりしていた訳ではありません。

わたしの赤ちゃんが〝男の子〟だったところから始まった〝剥いてる剥いてない問題〟。今思い返すと我が家の性教育は、長男が生まれてすぐ、ここがスタート地点でした。

大人になれば〝しっかり剥いて洗う〟が当たり前になりますよね？　誰が教えてくれるともなく、みんながやっていること。

こーんなに小さな赤ちゃんにそんなこと考えるの？　と思いますか？　わたしは大人がやるんだからこどももやるんだろう、そう考えていました。とは言え、小さな小さな身体の、さらに小さな小さなおちんちん……さすがに怖くて、お風呂に入れるたびに優しくそっとおしっこの出口を洗ってあげた記憶があります。

長男は日本で生まれたので考えもしなかったのですが、次男の出産はアメリカ。そこで突きつけられたのが〝割礼（※注）〟です。

日本とは違い、アメリカでは男の子が生まれたら割礼するのが主流。わたしも産院で出産の直前に聞かれました。「割礼をするのか、しないのか」って。当時20歳そこそこのわたしには、ピンとこない質問で、次男のパパもピンときていない様子。

そこで海外に住んでいる男友達に国際電話をかけ、相談したのです。幸いなことにハーフの男友達が多かったこともあり、割礼をしている子もしていない子もいたの。みんな笑いながらも詳しく教えてくれて、中にはお母さんに電話して新生児の頃のことを聞いてくれたお友達もいました。もー、本当に感謝。

割礼するとどうなる？　逆にしなかったら？　どんなメリット、デメリットがあるの？って。性格上、とにかく知りたいわたし。それこそ根掘り葉掘りのリサーチで、まさに〝割礼記者〟と化しました（笑）。

今ではどんな些細なことも重大なことも、最終決定は本人にさせるわたしですが、さすがに赤ちゃんにその判断はできません。

次男が育っていく予定の日本、その学校環境などを考慮して、〝しない〟選択をしました。したくなったら将来自分ですればいい。

割礼の文化がない日本では、おちんちんを洗うのも基本はママ。でもそんなことに触れられている情報は、当時ほとんどありませんでした。

〝しない〟という選択をしたからには、デメリットな部分はわたしが排除していかなくちゃ——不潔になりがちな部分を清潔に保つことはママであるわたしの使命。

「おしっこが入ってばっちくなっちゃうから、ちゃんとこうやって洗うのよ」と教えて、「皮も少しずつ自分で剥いていくと衛生的でいいと思う。大切なことだから、ちゃんと洗うんだよ？」と伝えていました。

学校から帰ってきたら、「手を洗った？」と聞きますよね。それと同じくらいのテンションで、お風呂からあがったら、「ちゃんと剥いて洗ったの？」と聞いていました。いたって我が家の通常運転です。

そんなことを日々やっている訳なので、娘のありあも男の子のおちんちん事情に詳しい。物心ついた頃には、おちんちんの話題＝恥ずかしい話題ではなく、おちんちん以外のことも身体に関することも、何でも話しあえる親子になっていました。

ここまでスムーズにおちんちんを洗えるママになったわたしですが、実はママ17年目に起きた悲劇もあります。

2歳になるかならないかくらいのポコちゃんのおちんちんを、お風呂で剥いていた時のこと。もう見たことがないくらいに、ベロン、と。どうしてそこまで剥けちゃったのかわからないけれど全部剥けちゃったのです！

かと思ったら、今度はみるみる紫になってパンパン！　の鬱血状態。

さすがのわたしもこの日ばかりは焦りました。抱き上げてリビングにタオル敷いて寝かせて。もう何かのオペなんですか、みたいな状態。


焦ってはいるものの、そんなそぶりは見せられないと必死なわたし。

どうするべきかグーグル先生で検索していると、横から知識豊富なギャル姉さん（＝ありあ）がふっと出てきて戻そうと果敢に攻める。その隣では次男が「わー可哀想、可哀想、それは可哀想！」と連呼するし、ポコちゃんは更に不安そう。

もう、失笑です。


そうこうしている間に鬱血紫状態は落ち着きましたが、剥けたまんま、何かに触れると痛がってオムツも穿けないほど。

結果、テレビ電話で海鈴に相談すると冷静に対応方法を説明してくれて、ようやく一件落着。長男、本当頼りになります。感謝!!

今思い出しても笑えてくる大事件。ですがあの時は本当に焦りました(ごめん、ぽつ!!)。

少しずつ世の中が変わり、今は学校教育でも実践的な性教育が始まりつつあるみたい。でも単に学校任せにすることなく、まずは家庭で教えられることは家庭で、というスタンスが大事。

家庭ごとにカレーライスの味が違うのと同じで、伝え方も捉え方も違うもの。

〝剥けた剥けない〟だって、衛生面を考えた大切なお話。コンドームの大切さは「自分達の人生を守る大切なもので、お相手の女の子の身体も守ってくれる大切なものだよ」と教えています。

こどもが4人もいれば、同じように接し、育てたところで性格もそれぞれ違う。性に対してのオープン度合いも違います。

4人の中で唯一の娘であるありあは、お兄ちゃんふたりと育ったからか、女ひとりで育ったわたしの幼少期とはだいぶ違うものもある。

そんなありあ、ある時自分のお小遣いを使ってこんなことをしました。「大好きなあいくへ。あいくの人生に大事なものをプレゼントします」とご丁寧にもお手紙つきで、お兄ちゃんにコンドームをプレゼントしたの。

次男に対する心配、という表向きの意図に隠された本心は、〝彼女いるんじゃねーのか？〟チェック。兄を想うがゆえにいろんな気持ちが盛り込まれていたのをあとから聞いた家族は大笑い。

そんな娘のありあは自分の恋愛について話すことにも全く抵抗ナシ。むしろ聞いてないけど……って思うほど話してくれます（笑）。

わたしはこどもの友人達から相談を受けることもしょっちゅうで、彼らが聞きたいことは全て答えています。偉そうな感じではなくて、〝聞かれたことの悪いことは悪い、いいことはいい〟の感覚の擦りあわせをしている感じ。

次男のお友達には「マリアさーん」と呼ばれて、一緒にご飯に行くこともあります。高校の夏休みなんかは悪さがバレて、全員を呼び出し並べてブチ切れ（笑）。

息子も息子のお友達も一緒。わたしにとってはみんなかわいいこども達です。

息子のお友達と話す時、「親とこういう話するの？」と聞いたことがあります。ほとんどが口を揃えて「話さない」という返事。今まで話してこなかったから、ではないでしょうか。

我が家は小さい頃からの積み重ねが、親子でなんでも話せる関係にしてくれました。その様子を見ているお友達も、わたしにならと話してくれているんだと思います。

お家の中で話さない＆話しにくいという環境があることも十分に理解しています。それは国民性でもあり、日本の美徳なのかも。それを否定もしません。

わたしはこども達と過ごす日々の中で、たくさんのことを学びました。彼らの成長と共に学ぶこと、彼らが悩んだことをきっかけに一緒に悩んだ結果の学び、彼らを通していろいろな経験ができました。それが全て学びとなったのです。

いつも親が正しい訳じゃないし、いつも親が１００点の答えをくれる訳じゃない。

一緒に育っていくことが大切なの。

一緒に育っていくためには〝想いを共有できる〟間柄でいたいな、と思います。

※注　陰茎包皮または陰核を切開、その一部を切り取る風習・儀礼。男性器の包皮の一部を切除することを指すことが多い。宗教的には、清め・奉献・契約の印・成人の証明などの意味づけがなされている。

12 夢を現実化する ～セルフミーティングノート～

高校卒業と同時にJリーグチームとの入団契約が決まった長男。幼い頃からの夢を叶え、プロサッカー選手としてひとり立ちしました。

彼には小学校４年生から〝セルフミーティングノート〟を書かせていました。当時流行っていた〝夢ノート〟をアレンジして息子に提案したのです。

〝夢ノート〟とは、ああなりたい、こうなりたい、そのためにこんな努力をしていきます、と計画を立てるもの。〝なりたい〟〝やりたい〟ことに向かうためにはいつまでに何が必要なのか、自分が自分と向きあって逆算して考えるものでした。

「希望や夢だけじゃダメだよね、そこで終わっちゃったら困るよね」

そんな話をしたのは彼が10歳の時。

思い描くべきは、数年後の〝現実〟の姿。その姿を明確にイメージするように話しました。

わたしが長男に書かせていた〝セルフミーティングノート〟は、そうなります、そうです、という言い切り口調の断定的な表現で綴るもの。もう決まっていることとして書き続けることで、自分で自分に信じ込ませる意図がありました。

2023年　ホーム開幕戦

2023年　ポコちゃんエスコートキッズ

2020年　海鈴17歳Jリーグスタメンフル出場

わたし自身、脱毛サロンをオープンしたのがちょうどその頃。経営者としてどうありたいか、どうあるべきか、どのゴールに向かっていくのか……そんなことをちょうど考えている時期でした。

わたしが手探りで書き始めたノートを、長男も一緒にやってみないかと誘ってみたのです。

以前読んだ本に、自分の手で書くと現実のこととして脳にインプットされる、という内容がありました。

勉強がまさにそう。読むだけ、聞くだけ、では足りないの。実際に書いてみるとよく頭に入ってくるし定着する。

単語を暗記する時など、みなさんにもきっと経験があるはずです。

長男は「僕は絶対にこうなる」という確信を持って、ずっとノートを書き続けていました。もちろんわたしも同じく自分が絶対にやるぞ、なるぞ、って心に決めたことはノートに書き留めました。

〝セルフミーティングノート〟はわたしと長男の交換日記的役割も担ってくれました。直接話さないことでも、ノートを通じてお互いの考えやビジョンを交換しあうことで、より深い関係性を築くためのツールになってくれたから。

こどもがどんなことを考えているのか、どんなビジョンを描いているのか、それが見えてきます。つまり、こどものために親がとるべき行動がより明確になるというメリットもあるのです。

こどもが夢見ていることに真剣に向きあう。ノートを通して、夢ではなく現実のこととして認識させる。具体的に描いていくことで、将来の姿を引き寄せ結果につなげていく。このステップがポイントです。

こどもの夢の実現に。自分自身の目標を現実とするために。親子のコミュニケーションの構築に。〝セルフミーティングノート〟は絶対にオススメ！

13 決断力を鍛える～人生の舵を取るのは、いつだって自分自身～

楽しまなきゃ
生きてる意味がない
だけど楽しいばかりじゃ
ハリがない
山も谷もない
道じゃつまらない
ジェットコースターに
ならない

10代の頃、ＣＤが擦り切れるんじゃないかと思うほど繰り返し聴いた安室奈美恵さんの歌。その歌詞は今でも頭にポンと浮かぶくらい、頭に刷り込まれています。

山あり谷あり、人生ってまさにドラマの連続。乗り越えて、また乗り越えて、日々何をするにも選択を迫られる。わたしの人生はまさにジェットコースターのようでした。


大なり小なり訪れる〝選択〟。

大事なのは、それを決めるのは決して他の誰かじゃないということ。

「人生の舵を取るのは、いつだって自分自身！」

こども達だけじゃなく、自分にもそう言い聞かせて生きてきました。


わたしは全力でこども達と向きあっているという自負があります。その反面、こども達に任せきってきた部分もたくさんありました。


それが顕著に表れるのはどんな時かと言えば、何かを決断する場面。

「自分で決めなよ、自分のことなんだから」

これ、わたしがこどもと話す時、よく口にする言葉です。

冷たく聞こえますか？　投げやりだと捉える人もいるかもしれない。でもここにはある想いがあります。

決して突き放している訳ではありません。自分の考えをちゃんと自分自身の頭で理解して欲しいの。そして自分の言葉として発言して欲しいのです。

わたしはなんでもテキパキ動いては発言しちゃうタイプ。そんな母の元で育つこども達に、うっかり発したわたしの言葉に流されないでいて欲しいの。それに、こども達にわたしの考えを押しつけたくはないからです。

学校選びや進路など、人生の岐路にあたる大きな決断に関しては当然のこと。日々の着る服や、遊びに行く公園、聴きたい音楽といった些細なことまで、〝自分のことは自分で決める〟を小さい頃から徹底してきました。

以前、テニスの松岡修造さんが「夏合宿中はご飯のメニューを見るのもトレーニング」と語っている記事を読んだことがあります。この考え方をレストランでのオーダーに応用。こども達に、「メニュー見て。はい！　5秒で選んで！」と言ったのです。

あくまでもゲーム感覚で楽しみながら、自分が欲しいもの（食べたいもの）を瞬時に明確にするトレーニングです。

今後の人生も選択の連続。

「今欲しいもの、食べたいものくらい、パパッと見てサッと決められなかったら、将来どうすんの？」

当時小学生のこども達相手に、5秒で選んで！　と言い放ったわたしの真意は、ここにありました。

ママが絶対！　そんな考えはありません。彼らの人生は彼らのもの。どれだけ愛しい我が子であっても、わたしの所有物ではないのです。

では、いつからこども本人に選ばせるべきか。答えは〝なるべく早いうちから〟です。年少さんにもなれば、自分の言葉でしゃべれるようになってくるでしょう？　親の言っていることも、たいてい理解できるようになっています。

どうせわからないからいいや、忙しいからこっちで決めちゃおう、という考え方。
その場はスムーズかもしれないけれど、それは単なる親である自分の都合なの。
我が家では、会話ができるようになってからずっと自分で決めるスタイルです。

繰り返しになるけれど、ママが絶対！　なんてことは絶対にない。それはわたしが人生を歩みながら経験と共に感じたことでした。

親だって人間。間違いはつきものです。わたしはどこか完璧にこなしたいと強く願う部分があり、自分が考える理想も高かった。当初思い描いていたものと違っているとどんどん冷めてしまうし、引いてしまうタイプです。

わたしが繰り返してきた結婚と離婚がまさにそう。
10代での結婚生活は、協調性やコミュニケーション能力が著しく低かった自分にも原因があったことを後に学びました。

20代での結婚生活は、ネガティブな感情をコントロールできず長い時間苦しみましたが、ここでは夫婦で協力しあう子育ての理想と現実のリアルを学びました。30代では二度の結婚生活。３人のこどもを育てる立場として、母としての覚悟と、家庭を支える妻としての覚悟、その両立の難しさを学びました。

こうしてわたしは、自分の経験と選択してきた全てのことに、真っ直ぐ向きあいながら様々なことを学んできました。

わたしの人生を真横で見てきた我が家のこども達。「いろんな経験をこんなに間近で見られてラッキーだね（笑）」と話しています。

いいも悪いも全て経験。いつも真っ向勝負のママを見て育ったこども達は、わたしの数えきれないほどの〝選択〟を見てきました。

喜んだり悲しんだり、人間が持ちうる全ての感情と共に、真っ直ぐにしか進めない母の決断を支えてきてくれました。

完璧な人なんていないんです。完璧を求め過ぎたわたしが人生で学んだことは数えきれないほどあります。

幼少期のわたしは、母に勧められた習い事をいとも簡単に辞めては、自分が習いたかった訳じゃないし、と開き直るようなこどもでした。

失敗やトラブルといったネガティブなあれこれを、全部ママのせいにしていた。

シンプルに、わたし自身が自分の頭で考える力が弱かっただけなのに。

そんなわたしが親となり、こども達にはとにかく〝考える力〟と〝選択できる勇気〟を養って欲しいと願うようになりました。

もちろん助言はするし、補助も手助けもする。でも、最後の最後に出す答えはあくまでも本人に決めさせる。

そしてこども達が出した答えは、わたしが声に出してオウム返ししてみるのです。

――本当にそれでいい？　本当にそう思ってる？――

彼らの耳に自分自身の選択がどう聞こえるのか、確認したいという想いからです。

たとえどんな決断をして、どんな道に進んだとしても、わたしは全力で応援するし、できる限りのサポートもする。その覚悟だけはどんなことがあっても揺らぎません。

実際の生活は、〝修造夏合宿〟なテンションが続く訳ではありません。自分で決められない場面も出てきます。

特に娘。お洋服選びは質問攻め。わたしがいくら自分の好きなほうにしなよ？　と言ったところで、メゲずに聞いてきます（笑）。

そんな時はアドバイスしたり、一緒に考えたり。何かを提案する時には、〝ママはこう思うよ〟とつけ加えるのを忘れません。

大なり小なり自分で決める力を育むように努力したけれど、こども達全員の個性も成長速度も違うのは当たり前。彼女の決断力はまだまだ育まれている最中のようです。

世の中には自分が正しいと信じて疑わない親御さんもたくさんいますよね。

こどもを論破できないとなると、世間の〝普通〟を引きあいに出し、枠にはめようとする人達のなんと多いこと！

わたしもこども時代に、そんな接し方をされたことがありました。幼少期にはいやと言うほど、普通でいなきゃ、普通が一番という、〝普通呪縛〟に縛られていました。

でも実際には世間の〝普通〟なんてどうでもいい。それよりも、自分の考えを自分で選び取るほうがもっとずっと大事。

一度も「普通」を使わずに子育てしてきたと言ったら、それは嘘。わたしもつい使いがちな言葉です。怒った時には「普通にできないの!?」「普通に考えておかしくない??」と決まり文句のように出てしまう。気をつけないと！

親だから、子だから、ではなく親子は対等。怒ったあとには必ずわたしも謝ります。わたしも人間だもん、限界もあるし怒ると出ちゃう口癖もある（笑）。言い過ぎたり語弊のある言葉を使ったりしたら、あとからでも必ず訂正します。

わたしは常にこども達に問いかけています。
あなたの「好き」は何？　「やりたい！」はどんなこと？
自分の心に敏感でいて欲しいから、どんな選択もこども自身に委ねます。

手取り足取り、まるで補助輪のように寄り添ってあげることを美徳と思うママもいると思う。親に敷いてもらったレールを歩む人生は、最初こそラクちんかもしれない。でもね、自分じゃ何も決められない人間になっちゃうと思うし、自分の人生を自分ごととして捉えられなくなるんじゃないかな。
人生の主役は自分自身。物心がついたその瞬間から、そうしっかり叩き込む。これがわたしのやり方です。

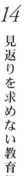

14 見返りを求めない教育投資。

わたしは母であるだけでなく、経営者でもあります。そんな訳でつい、子育てにもビジネス的発想を取り入れがち。そのひとつが〝サンクコスト〟という概念。

〝サンクコスト〟とは、〝埋没費用〟と訳される、回収できないコスト（費用）を指すビジネス用語。これまでに費やしてきた労力やお金、時間などのコストにとらわれて、もったいないという心理が働いて、今後の意思決定に影響を与えてしまうのはよくないという考え方に使う言葉です。

子育てにはお金がかかります。ある程度の予想と計画を準備して臨むべき案件です。時間やお金、労力はもちろん、感情までも全投入して向きあったとて、納得できる効果が得られるとはかぎりません。

それを理由にこどもをなじるのは大間違い。こどもから、「そんなことわたしは望んでいなかった」と、吐き捨てられるのが目に見えています。

ありあは4人の中で唯一の女の子。同性ということもあり、衝突の仕方もなかなかハード。冷静に見つめてみれば、わたしの思春期とありあの思春期はよく似ていたようです。いや……わたしのほうがひどかった。

なぜならありあはスマホを持っているから連絡がとれるし、位置情報もシェアされているし、何よりお家が好きでちゃんと帰って来てくれる。それが思春期のわたしと大きく違うところ。

娘に手を焼いた一番の問題は、お家に帰って来る来ないではありません。彼女の学校のことでした。

娘はひとつの学校に通い続けられたことがありません。

小学校入学から2年生まで公立の小学校。その後インターナショナルスクールを経て、中学校からは中高一貫の私立校でした。

コロナ禍は学校があったりなかったり。授業もオンラインでは身が入らず、学校が再開されてからも休みがち。やっと出かけて行っても保健室登校。そんな日々が続きました。

そんなある日、娘が突然、歩いて行ける地元の公立校に転校したいと言い出したのです。中学3年の夏でした。

あと数か月で中学校を卒業できるのに……。正直、わたしは納得できませんでした。どれだけ忙しくとも、仕事の合間に学校へ面談に行ったり、担任の先生とも密に連絡を取りあったり。とにかく彼女にかけてきたエネルギーは計り知れません。

結局、中学3年の11月。娘は私立校をやめ、地元の公立校に転校しました。

「そのまま通い続ければ高校にも上がれる訳だし、どうしてたった数か月をやり過ごせないの？　もったいないと思わない？」と何度も話しました。

しかし本人は、頑なに拒否。転校を強く望みました。

結果、今までは毎朝あれほど憂鬱そうだったのに、新しい学校での数か月はとても楽しそうに過ごしてくれたのです。その姿を見て、わたしはとても反省しました。

2022年 ありあカナダ留学中、アンブラちゃんと

自分のことや会社のことはパパッと決断してきたはずなのに、なんで娘の学校に関してはこんなに執着してしまったのだろう。それこそが〝サンクコスト効果〟。投資したことにこだわり過ぎて、呪縛にハマってしまったのです。

お金は有限です。湯水のごとく湧いて出る訳ではありません。

ここまでいくら学費にかけたと思うの……ずっと引っかかっていたのです。その想いにとらわれ過ぎていました。

どんなことにも向き不向きがあります。もちろん投資しただけの回収ができれば。無駄もなくていい。

だからといって「(回収できるまで)頑張りなさい！　一度決めたのだから諦めるのは負け！」と押しつけるのは違うかもしれない。

その考え方が完全に間違っているとは言い切れないけれど、柔軟性を持つことも大事だなとありあを育てる経験から学んだことです。

こども時代はあっという間。切り替えるなら早ければ早いほどいい。

こどもの姿をしっかり見極めて、しっかり寄り添って考えたいです。こどもの幸せや成長のためであれば、労力なんて厭わないのが親だから。


そうは言うものの……です（笑）。わたしはありあの転校事件の頃から、それまでかけてきたお金について話すようになりました。学費はどんなだ、その金額を捻出するために一所懸命働いているんだ、というようなことです。

親にとってあなた達こどもがどれだけ大切な存在なのか、いかにできる限りのことをしてあげたいと思ってきたのか。

そして、それらは全て〝言い尽くせない想いや愛情〟ゆえ。

こういったことを猛烈にわかって欲しくなりました。


親だもの、こどもの養育費を払うのは当然の義務。「こんなに手をかけたのに！」などと言うべきではありません。

こども達がやりたいと願ったことへの投資はいくらでも喜んでする。むしろさせて

*2022*年 ありあ16歳のお誕生日をお祝い。カナダにて

欲しいの。

だけどこの想いを踏み躙るようなことだけはするな！　ということははっきり伝えたい。

親であればこの気持ち、わかってくれる人がきっと多いはず。

親というのは、こども自身がやりたいと思うことなら続けてもらいたいと願う生き物。身になる経験をして欲しくて働いているのです。親も一所懸命になれるの。全ては彼らの未来のためだから。


気がついたらこだわるな、動け！　的なことばかりではなく、粘りや根性、忍耐力も、決して軽視している訳ではありません。

才能やＩＱや学歴ではなく、〝やりきる力が成功を収めるのに最も重要だ〟という考え方（Ｇ・Ｒ・Ｉ・Ｔ（グリット）理論）にもすごく共感しています。

長男・海鈴は本来の実力もさることながら、黙々と夢に向かって頑張り抜く力があったからこそ、なりたい自分の姿を叶えられたと思うからです。


要するに、サンクコスト効果にとらわれるのは親の勝手。違うと気がついたら次のステップへ動く手助けをいち早くしてあげること。

そしてこれだと思ったらそれを信じ抜き、モチベーションを保つための応援をしてあげることがこどもの正しい巣立ちのために必要だ、と経験から学びました。


子育ては、親が持っているものを全投入して行う、いわばば人生のビッグプロジェクト。だからと言って、こんなに一所懸命向きあったのに。あんなに大事にしてあげたのに……。そう言いながら思い通りに育たなかったと嘆くのはお門違い。

こどもの人生はこどものもの。彼らからの見返りを期待するものじゃない。


わたしは子育てが好きだし得意だと自負しています。母をはじめ、身近な人がみんなそう言ってくれるから、きっと間違いじゃない。

こどもの幸せを全力で願っているけれども、ママになったらママとしての人生だけ歩むべき、と思っている訳でもありません。

自分自身の人生や楽しみもちゃんと確保しておくことが大切。

日本にはまだ母性信仰みたいなのが残っているし、ママになったら我慢しなきゃいけないことが山のようにあるみたい。

でもわたしは、海外みたいに夫婦だけで出かけたり、いつまでもきれいでいようと努力したり、やりたいことを存分に楽しんだり、新しいことに挑戦したり……そんな人生をママにも楽しんでもらいたい。

自己犠牲の感覚があるかぎり、サンクコスト効果の呪縛からは逃れられないと思うから。

お金を稼ぐこと＝自立、と考える世の中ですが、自分の意見が言えてこそ、自立。

わたしはみなさんにも〝自分の意見や自分の本当の気持ちを言える〟ひとりの人として自立して欲しいと願っています。

15 喜怒哀楽を全力でシェアする。

こどもの入園卒園、入学卒業は家族にとっての一大イベント。走馬灯のようにいろんな想いが駆け巡り、感情が揺さぶられまくります。

我が家にはこどもが４人ですから、それが次から次へとやってきちゃう。

２０１５年　長男　小学校卒業
　　　　　　　　　中学校入学
２０１７年　次男　小学校卒業
　　　　　　　　　中学校入学
２０１８年　長男　中学校卒業
　　　　　　　　　高校入学（大阪）
２０１９年　長女　小学校卒業
　　　　　　　　　中学校入学

２０２０年　次男　中学校卒業
　　　　　　　　　高校入学
２０２１年　長男　高校卒業
　　　　　　　　　プロ契約 and 大学入学
２０２２年　長女　中学校卒業
　　　　　　　　　高校入学（カナダ）
２０２２年　三男　４月幼稚園入園（東京）
　　　　　　　　　８月幼稚園入園（ドバイ）
２０２３年　次男　高校卒業
　　　　　　　　　大学入学（ニューヨーク）
２０２３年　三男　小学校進学（ドバイ）

２０１７年からしばらくは、毎年誰かしらが卒業。もちろんその前には卒園もありました。わたしは長男の海鈴を産んですぐ、決めたことがあります。きょうだいを持つなら３つ違いのこどもにしない、と。

受験やら入学金やらあれやこれや……そういうのが一気にやってくるなんて、絶対に無理だもの。でも、そのあとにとても大きなことに気がつきました。ひとつふたつ違いのきょうだいがいると、ほぼ毎年卒業。つまり、ほぼ毎年入学もある。休む暇なしのこっちのほうが、もしかしたら大変だったかもしれないというのは想定外でした（笑）。

こども達の卒園式は今でも鮮明に覚えています。知っている方も多いと思いますが、お式でこども達が歌う『さよならぼくたちのようちえん』。猛烈に弱いんです、あの曲に。イントロから早々に涙腺が……メロディなのか、一所懸命歌っている小さなこども達の姿のせいなのか、とにかくもう、泣けちゃって泣けちゃって……。

園児達が保護者席を見てザワつくの。「海鈴くんのママ、泣いてる!!」「愛郁くんのママ、泣いてる!!」「あーちゃんのママ、泣いてる!!」って。

毎回お約束の大号泣はどうしたものか、止められません（笑）。

入園当初のことから、運動会での頑張った姿、数年で一気に成長した姿……さまざまな思い出がフラッシュバック。どうにも我慢できません。

2017年 愛郁小学校卒業

2020年 愛郁中学校卒業

2022年 ポコちゃん幼稚園入園（東京）

2023年 ポコちゃん小学校進学（ドバイ）

小学校の時も、これはまた全然違って、そこでも結局、涙涙……でした。今でも思い出すだけで涙が出てきそう。

初めてこういう経験をした時は、回数を重ねるうちに感動も薄れていくものだと思っていました。でも、全然そんなことない。その都度しっかり感動し、ちゃんと号泣してしまう。

だから我が家で泣きキャラといえばママ。「まーた、ママ泣いてる」と、いつも呆れられています。

映画を見ても、コンサートへ出かけても、わたしはどこでも泣いています。感動屋さんみたい。だけど、胸にずん！　とくるこども達の卒業式、あれに勝てるものには何もないと思うのです。

こども4人の中でも、長男とのイベントは何もかもが初めて。やっぱり全てが特別でした。学校生活にしても母子二人三脚でやってきた感じだったし、卒業式の前夜なんて、わたしのほうがナーバスになるほど。

それに比べると、次男や娘の時は平常心。当日だってお式が始まるまでは「今回は泣かないで乗り切れそう」と余裕綽々です。でもいざ始まってしまうと「うう、この子達もよく頑張ったなぁ。もうこんなに大きくなって……」と、結局は涙があふれて止まりません。

そりゃそうです。こども達みんなにみんなそれぞれ違うストーリーがあるから。

卒業式と入学式を思い返すと、卒業式のほうが覚えていることがいっぱい。入学式は、これから頑張りましょ、未来キラキラ〜みたいな感じ。これから大切な思い出が増えていく、そのスタート地点。
一方、卒業っていろんなことを乗り越えての節目。込み上げてくるものがあるのです。

娘の幼稚園生活では、毎日のようにキャラ弁を持たせていました。
お兄ちゃんふたりに囲まれて、木登りしちゃうトム・ソーヤー的な女の子でした。
それならばお弁当だけでも女の子らしくしてあげようと思ったのがきっかけです。
別に頼まれた訳でもなんでもなかったけれど、一度作ってみたらとても喜んでくれて、それがわたしにとってもうれしかった。だったら続けてみよう、と卒園まで作り続けたのです。

今でも当時の話をする時に、お弁当の話題になることがあります。反抗期真っ只中の娘も、「ママ、めっちゃキャラ弁だったよねー」なんて、人ごとのように言いながら、ちょっとうれしそうだし懐かしそう。あれはわたし達ふたりだけの大事な思い出。

娘の卒園式の時に、先生から「お母さんも2年間のお弁当作り、お疲れ様でした」と言っていただきました。その瞬間、涙腺が崩壊……。

そうなんです。こどもはもちろんだけど、園生活を頑張ったのはママも同じ。「ママもお疲れ様だし、おめでとう」なのです。

こども達にとって、〝卒業〟も〝入学〟もそれぞれ特別。それらがセットでやってくる春は、毎年バタバタで毎年号泣している訳です。

ちなみに卒業式には涙がつきもの……だけど、それはわたしだけ。

こども達は案外ケロッとしています。うちのこども達はハートが強いのかな。卒業などの行事で泣いているのを見たことがない。

だから少し前に、娘がいきなり泣き出した時には驚きました。

ちょうど次男の誕生日に際して、わたしが彼の父親のことをＳＮＳに投稿した直後のことでした。

ご存じの方も多いかと思いますが、次男と娘のお父さんは、もう亡くなっています。

２０１８年　海鈴中学校卒業

２０２０年　愛郁中学校卒業

彼の存在がなければこの子達にも逢えなかったんだな、と……。その投稿をきっと見たのでしょう、そして娘もいろいろ感じたのでしょうね。

彼との永遠のお別れについて、わたしはメディアでも一切触れてこなかったし、こども達とも特に触れることはありませんでした。

娘の流した涙は、人との別れ、人生のこと、いつか結婚する相手のこと……ピュアな気持ちで語りあうきっかけとなってくれました。

彼女は思春期だから、当然、ツン！　としながらではあったものの、自分の中に閉じ込めてあった気持ちを話してくれました。

「生きていても物理的な距離とかで会えないことがあるじゃない。あなたのお父さんは魂になったから、毎日あなたのことを見に来ているよ。彼も忙しいし、他にも会いたい人がいっぱいいると思うけれど、あなたが今、思春期真っ只中で、大変な時期っていうのはすごくわかっているはずだから、しょっちゅう来てくれていると思う」

そう語りかけると、「じゃ、（近くに）いる？」「いるいる、今のほうが前よりずっと、近くにいてくれていると思うよ」「そうだよね、わかった！」って。

娘の泣く姿は新鮮だったし、その気持ちは痛いほどわかります。

ありあの喜怒哀楽の〝怒〟は普段から見ているし、今回は〝哀〟を知ることができました。彼女の〝喜〟と〝楽〟もこれからたくさん見守っていきたいな、と思います。

話は遠回りしてしまいましたが、こども達と全力で向きあうからこそ感じられる〝喜怒哀楽〟は本当に何事にも代えがたい感情。

家族みんなで共有すれば、誰かひとりの喜びや楽しさは伝播して増幅するし、怒りや哀しみは、癒し癒され軽減します。

感情に揺さぶられないでフラットに生きていくことを美徳とする人もいるけれど、わたしはこの人間味あふれる感情が大好き。我が家ではわたしを筆頭に、これからも喜怒哀楽を大切に！　全力でいく所存です。

16 家族は最高のチーム！

３人のこども達が幼かった頃、新保家にはこども部屋がひとつ。４人目が産まれるまで、いつも３人一緒で育ってきました。

お泊まりやサマーキャンプなどで誰かがいないと泣いてしまうほど、本当に仲よしでした。２番目と３番目は１歳ちょっとしか離れていないので、まるで双子。家の中でも外でもくっついていて、そのぶん、喧嘩もしょっちゅうしていました。

長男は高校から家を出ています。ポコちゃんが産まれた時には、長男はもう大阪暮らしが始まっていたので、４兄弟で過ごす機会がないのを残念に思っていました。

そんな時に訪れたコロナ禍とステイホーム。大阪の高校もサッカーチームもお休みになった時には、帰省してきた長男を交えて、初めてポコちゃんとの４人兄弟暮らしを楽しむ機会にも恵まれました。

今思えば上の３人の子育てでは勢いが勝っていました。若かったし、知識もなかったし、当たって砕けろ、トライ＆エラーでした。わたしだって経験値がまだまだ低かった時ですから、文句を言われてもどうしようもありません。

それとは打って変わって、ポコちゃんの子育ては、ここまでスムーズにいくものかというほど快調な滑り出し。わたしも余裕いっぱいで、ポコちゃんはいつもニコニコです。

2019年　タイ旅行

2021年　MALIAfam Christmas party

兄妹の時は、だいぶスパルタな側面もあったと記憶していますが（汗）、「ポコばっかりズルい！」と言ったりヤキモチをやいたりする子はいません。

年齢が離れているせいもあるのかな。わたしと一緒になってかわいがってくれているのを見ると、うれしいし幸せな気持ちになります。

長男は高校を卒業すると、プロのサッカー選手としてひとり立ちしました。

彼が所属チームのある山口県に引っ越す時には、当然家族でお手伝い。今まで縁のなかった山口県ですが、自然豊かで食材がおいしく、人も温かいというすばらしさに魅了され、勢いでセカンドハウスを構えてしまったほど！　まさに行動力に定評のあるママＭＡＬＩＡ．の本領発揮（笑）。

仕事も学校もリモートが増えた時代の流れを生かして。時間ができれば家族みんなでセカンドハウスへ。長男を招いて食卓を囲む団欒タイムは本当に幸せな時間でした。

４回結婚して４回離婚しているわたしとこども達の人生は、これまで決して平坦だった訳ではありません。

加わる人、去って行く人……家族の形に変化が訪れても、変わらないのは〝わたしとこども達〟という目に見えない絆。この関係は絶対に壊したくないし、大切にしていきたい。

かつては4人、今は5人となったわたし達家族は、わたし達にしかわからない特別な想いのようなものがあります。これがチームということなのだと思います。

兄妹ゲンカを止める時にも「チームなんだから」という理由で間に入ることも多く、わたしの中ではそれが一番しっくりくる理由。

これは我が家に限ったことではなく、他のどの家庭にも適用できる考え方ではないでしょうか。

わたしがこどもに見せてきたのはいつだってガチな姿。

家にいつもいてあげられるママではなかったけれど、そのぶん一緒にいる時間にはできるだけのことをしてきました。スキンシップは欠かさなかったし、話を聞く時はいつも真剣に耳を傾けていました。

「宝物だよ」「大好きだよ」「愛しているよ」「信じているよ」……肯定的な言葉はこれでもかというほどに浴びせ続けました。


大なり小なり全員に反抗期があり、それも成長の証。「そんな年頃だね、正しく大きくなってるね」と捉えればいい。

頭ごなしのダメは決して言わなかったし、ちゃんとプレゼンしてわたしが納得すれば、今までNOだったこともOKにしてあげる可能性も出てきます。親の柔軟性のある姿勢も、ちゃんと見てもらえて、信じてもらえているんだという実感につながります。


年の離れた末っ子のポコちゃんには、3人の子育てで培ってきた叡智を結集させて、余裕いっぱいに接することができています。

かわいがること、褒めること、認めること、許すこと。わたしの母業もここまできたかと思うほど、完成度が高まっている実感があります。

その様子に上の3人がヤキモチを焼くことなどありませんが、つい先日、長男の海鈴が「ママ、ポコに全然怒らないじゃん。俺なんか胸ぐら掴んで怒られたのに」とわたしの甘々育児に、半分呆れながら笑っていました。

思ってるだけ、じゃなく
言ってるじゃん、じゃなく
態度に出してるよ、じゃない。

どれもが上っ面ではなく、ガチで向きあって表現しました。
だからこそ、こども達はわたしが本当に困っている時にはわたしの想いを汲んでくれましたし、彼らがわたしを信じてついてきてくれたのかな、と思います。

〝こどもを不安にさせず、自信を持たせてあげること〟
それは親の役目です。

シングルマザーで3人を育てる過程では、経済的不安が不可避でした。でも、こども達には不安なところを見せなかった。お金に困っているように感じられる幼少期ではなかった自信があります。

実際は本当に厳しい時代がありました。ただわたしはどんな時も強い心を崩さなかった。それは、わたしが親として、絶対に守らなければいけない最大の責任だと思っていたから。

この本を書き上げる間にも、刻一刻と状況は変わり、最初は海鈴だけでしたが、ありあが留学へと旅立ち、次には愛郁も旅立ちました。そしてわたし達家族はみんなばらばらに離れて暮らすようになりました。

わたし達家族はチームです。世界のどこにいてもこの事実は変わりません。心を守ってもらえる場所、帰りたくなる場所、みんなの心の拠り所となる場所であり続けたい、わたしは自分に誓っています。

2022年 Tokyo Disneyland

ママの気持ち

15歳でセレッソ大阪ユースに所属することになった海鈴。進学したのは大阪学芸高等学校の特技コースです。ユースから学芸に入学したメンバーは皆、同じコースに在籍していました。

平日にも試合があり、遠征もしばしば。チームと学校が連携を取って高校生活をサポートしてくださいました。

入学式で同じクラスになった彼女もまた、セレッソの女子で活躍する選手でした。後にお付きあいするようになるふたりのラブロマンスは、まさにわたしが憧れに憧れた純愛そのもの。「ママもそんな恋愛がしたかった！」と長男に伝えるほど羨ましかった。

そんな彼女とわたしが初めて会ったのは山口。海鈴がプロ1年目の時です。

第一印象は、ハキハキしていて会話もスムーズ。さすが元アスリートとあって、目上の人に対する姿勢も100点満点。弱冠18歳とは思えぬほどで、「偉いなー」「本当に凄いなー」と、何度も言葉に出してしまったくらい。

偶然にもわたしとネイルの形がほぼ同じ（同じくらい伸びていた部分も含め）だけでなく、デザインもわたしが自分でも選びそうなもの。

初めて一緒に撮ったのはふたりの手元の写真。今でも記憶に残る1枚です。

プロになった海鈴と彼女は、山口と大阪、いわば遠距離恋愛に突入。そんな逆境ものともせず、ふたりで乗り越えていく様子に、ただただ尊敬の気持ちでした。

よく耳にする〝息子の彼女＝敵〟みたいな考えがわたしには全くなく、元気ハツラツ笑顔の可愛い彼女とはすぐに打ち解けることができました。

問題が全く何もなかったか、と言えば、それは嘘になります。

遠距離交際が始まって少し経ち、ふたりの喧嘩が増え始めた頃だったかな……心なしか不機嫌な海鈴を見ると、わたしも悲しくて嫌な気持ちになったものです。

ふたりはどうなっているのかな、と心配もしました。

ちょうどわたしがドバイに引越しをするタイミングで、物理的にも距離的にも、そのまま疎遠に近い2年弱を過ごしていました。

そんなある日のこと。突然海鈴から「彼女とふたりでいるタイミングで電話したいんだよね」というＬＩＮＥが来ました。

女の勘？　でもないけれど、なんかソワソワした気持ちが働いて、「どうしたの？」と返信しました。いつものわたしだったら、すぐに電話をかけていたはずなのに……。

ふたりが一緒にいられる時間は限られているようで、提案されたのはちょうどポコちゃんとランチをしている時間。

この日はクラスのお友達と初めてのプレイデイトの予定が入っていました。バタバ夕するから翌日でもいいかとたずねると、「ランチしながらでもいい。３分でも５分でもいいから、今話せないかな」とのこと。

ビデオ通話を始めると、画面に映し出されたのは正座をするふたり。

ナニゴト!? 心はソワソワするし、頼んでいたヌードルももうすぐ届くし、あと少しで行かなければならない。それに充電は残り８％（肝心な時にいつも充電が切れそうなのね、これＭＡＬＩＡ.あるある）!! ……迫り来るいろんな状況で頭がいっぱいに。

ふたりから伝えられたのは、妊娠しているという事実でした。

わたしは手放しで喜ぶことができず、「え？ 話ってこのこと？」と聞くと共に、プロ２年目の海鈴のお給料が真っ先に頭に浮かび、これからの生活の心配や不安など、現実的なことが頭を駆け巡っていました。

こんな大事なこと、３分や５分で済ませる内容じゃない。

わたしと海鈴は週に何回もやりとりをする親子。妊娠がわかってから約2か月、当然その間も、何度も海鈴とは会話をしていました。

いくらでも報告するタイミングはあったはずなのに、彼女と一緒に報告したいからと、その瞬間まで黙っていたことがとにかく衝撃だったのです。

わたしは言葉に言い表すことができない感情になりました。

それこそ彼女とも約2年ぶりの会話で、顔を見るのも同じくらい久しぶり。ふたりの最近の様子を全く聞いていなかったわたしは、正直、変わらずお付き合いを続けていることすら知らなかった状況でした。

5分で終わるような内容のはずもなく、一旦終了。ポコちゃんのお友達とバイバイして自宅に戻り、改めて連絡をしてみました。

海鈴の口から出たのは「おめでとう」って言って欲しかった、という言葉。

わたしはハッとしました。

18歳で妊娠がわかったあの日、わたしも全く同じことを感じていたのです。

わたしの妊娠、ママにももっと喜んでもらいたかった、って。


同時に初めて気付かされたのです。

あのときのママはこんなにこんなに心配だったんだ――

胸が締め付けられる思いでした。


〝あなたもこどもを産んだらわかるわよ〟というフレーズ。わたしも母によく言われてきました。

でも、わたしは、自分自身の問題か、19歳という若すぎる年齢のせいなのか、こどもを産んだとて母の気持ちがわかることなどありませんでした。

それどころか母を反面教師とするような発言ばかりしてきました。

ママにされてこんなに嫌だったから、わたしはこども達にはああするこうする、などなど……。

そんなわたしが、初めて、ママってこんな気持ちだったの!?　と理解したのがこの瞬間。胸に衝撃が走ったのはこの時でした。

わたしの場合、母になってわかるのではなく、お婆ちゃまになって〝やっと〟理解できたのです。

すぐさま母に電話をかけました。そしてこの気持ちを伝え、謝りました。

「我が子が親になるということは、こんなにも心配なんだね。想像もしていなかったよ」ってね。

わたしには離婚経験があるし、順風満帆な人生ではなかったぶん、こども達にも他の家庭ではしないであろう、辛い思いもさせました。

自分のこども達には同じ経験をさせたくない。そして、お孫ちゃんにも両親の揃った家庭で育って欲しいと強く願ってしまうのです。

わたしはここへきて、やっと、ママの気持ちがわかったのです。

若くしての結婚、妊娠、離婚、それらを反対することや、未来についての考え……。

母は表現が下手だったのかもしれません。「ダメだよ」とか、「絶対に反対」と強く言われたとしても、いつだって理由は話してくれなかったから。

なんでダメ？　どうして反対？　その先の未来には、いったいどんな辛いことが待っているの……？

その理由をやっと理解し、自分自身で経験して、今に至ります。

今年79歳になる母は、37歳で妊娠し、38歳でわたしを出産しました。今から41年も前の日本では、だいぶ珍しいかなりの高齢出産。

わたしが小さい頃、お友達のお母さんはみんな、若くてきれいで髪の毛がくるくるカーリーヘア（当時の流行りだと思う）。うちのママはいつだって短い髪の毛で、反対にお洋服はとびきり派手。いつも恥ずかしかった。

授業参観日なのにショッキングピンクのジャケットを着たり、スカイブルーのワンピースを着たり……100メートル先からも見つけられるような格好で来るママ。他のお家のお母さんみたいに、もっと普通にしてきて欲しかったのです。

わたしの中に無意識に宿っている、明るい色を着ると顔も明るい印象になる、明るいお洋服を選ぶと気分が上がる、みたいな感覚は、母から受け継いだものだと今は確信できます。

母の人生やキャリアは、もしかするとわたし以上のレアタイプ。

パパと出逢ったのは大使館のパーティ。そして当時の日本ではまだ少なかった国際結婚でした。

ドイツ・ハノーバーで行われた国際栄養士学会では日本代表としてスピーチをしたり。１ドル３６０円時代に休暇で遊びに行くのがイギリス、スイス、フランスだったり。

わたしの母も、なかなかにおもしろい人生。

19歳でママになり、その後20年間を母への感謝なしで過ごしてきた訳ではありません。でも、人生40年を振り返ってみると、〝ママの気持ち〟をほとんど理解してこなかった。それは紛れもない事実。

お婆ちゃまになるんだ。わたしのこどもにこどもが生まれるんだ――

あの日、母への気持ちはガラリと変化しました。

ママ、心配かけたよね。ごめんね。

ママ、どんな時も支えてくれてありがとう。

そんな気持ちになれたのも、気づかせてくれたのも長男夫婦のおかげ。
『育児育自論』は、母だけじゃなく、祖母になっても続くもの。

ママになってもわからなかったわたしが、
お婆ちゃまになってわかったこと。

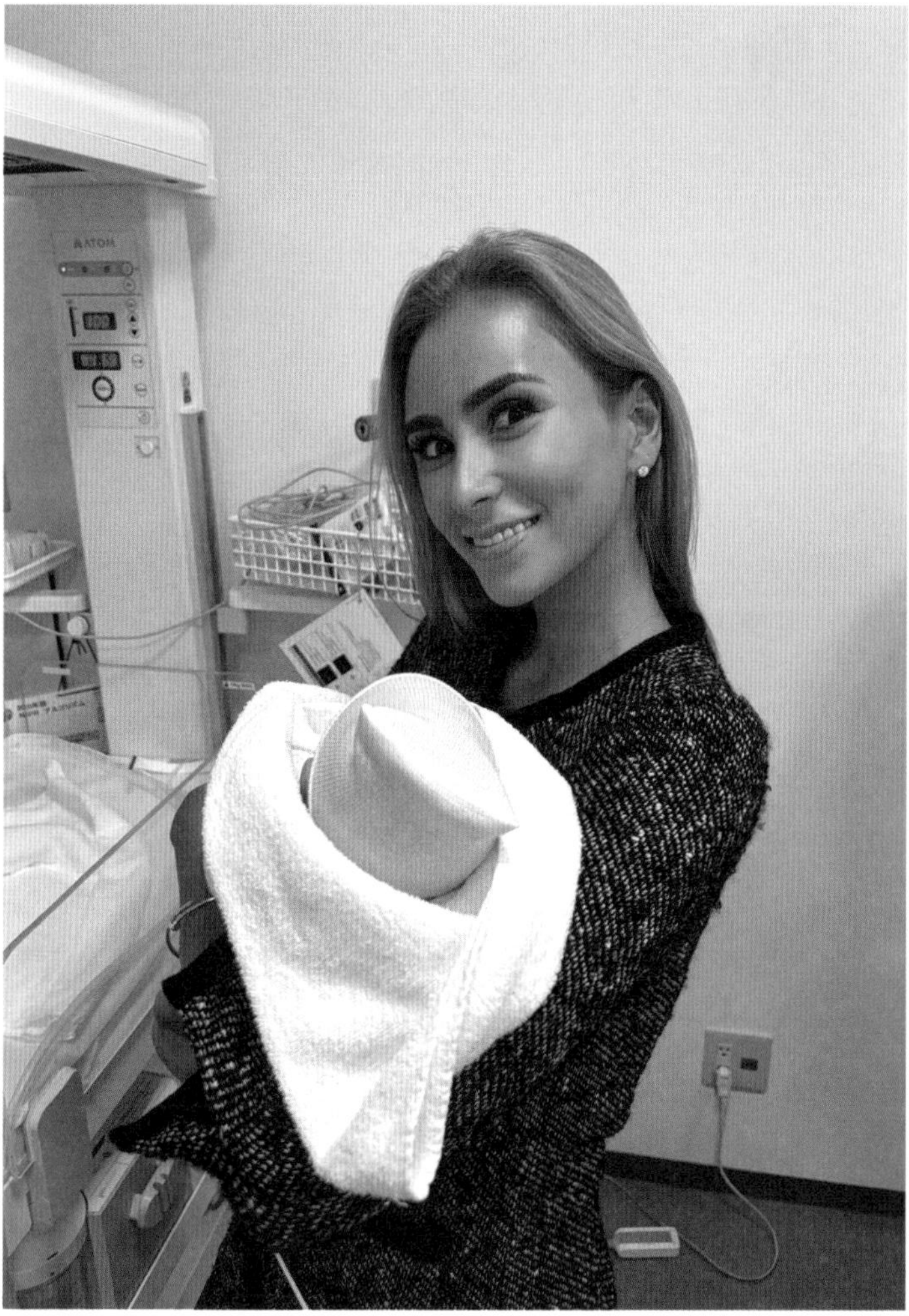

*2023*年 MALIA. 初孫誕生

お嫁ちゃんへのお手紙

初めて花怜に逢ったあの日を、今でも鮮明に覚えてる。

本当にサッカー選手だった？　って思うほどかわいくて、わたしとそっくりなネイルだったのも印象的で、「好みが似てるのかな、うれしい♡」と海鈴に話したいがついこの前のことみたい。

元気ではきはきとしているのもさすが元アスリート。反抗期真っ只中のありあにも、「わかるよ、花怜もそういう時あったよ」って、優しく寄り添って接してくれる姿を見て、なんていい子なんだろうと感じました。

わたしのことを「おかあさん」と呼んだのも花怜が初めてで、どうも慣れなくてソワソワしたのも今となっては懐かしい思い出。

海鈴を通し、花怜と出逢えたこともそう。赤ちゃんを授かったこともそう。人生は奇跡の連続だな、と改めて感じる1年でした。

お腹に赤ちゃんを授かってからも順調な妊婦生活じゃなかったから、花怜も奇跡の連続を乗り越えた1年だったと思う。よく頑張って、よく耐えて、ほんとに偉かったよ。

実はこの本。花怜が家族になって、ママから最初に渡すプレゼントにしたかったの。その気持ちが強い原動力となり、滞りがちだった執筆にエンジンをかけ直し、本格的に仕上げようと改めて決意した集大成。

同時に出産予定日が12月16日とわかった時、その日に発売したい！ とも思って動いたのだけど、約3年にわたり書いてきた内容には順次アップデートも必要だったし、状況が変わっていることもたくさんあって大幅な変更をしなくてはならなかったので、発売日は諦め、予約販売開始日にしたんだ。これは出版までの裏話（笑）。

結婚が決まってからふたりでたくさん話したね。花怜の想いを素直に打ち明けてくれて本当にうれしかったし、思っていることを話せる間柄でいられることに感謝してる。

お互い話さなきゃわからないこともあったし、話せば簡単に解決できることもあった。これからもこうしてなんでも話していけたらうれしいと思っているよ。

冬休みになってドバイから帰った次の日、すぐに会いに行って、直接抱きしめることができて、「頑張ったね」って伝えることができて本当によかった。いくら時間が限られていても会いに行きたかったから、直接話せてよかった。ママのハードスケジュールをいつも海鈴と一緒に心配してくれてありがとう。

そして、あの日、花怜から「ママがもしよかったら立ち会ってもらえませんか」って言われた時ね、正直なんの話だかすぐに理解できなくて……びっくりし過ぎて時が止まった。

お嫁ちゃんからこんなリクエストをもらえる日がくるなんて……想像もしてなかっ

たから。動揺しながらも、とっても幸せな気持ちで東京に帰ったのを鮮明に記憶してる。

「ママに絶大な信頼があるから」と言ってくれたこと、立ち会い出産のリクエストをしてくれたこと、退院後に少しでもわたし達家族と過ごしたいからって東京のお家に帰ってきてくれたこと。本当にたくさんの喜びと幸せをありがとう。

そして、我が家の family member となったあの日から、わたしには美しく心優しい娘がもうひとり増えたことをとても感謝しています。

これからもみんなと同じように、たくさん抱きしめてたくさん愛を伝えていくね♡

親愛なる花怜へ
ママより

2021年 山口にて

2023年 初孫の立会い出産を終えて

おわりに

この本を手に取ってくださったこと。
そして、最後まで読んでくださったこと。
うれしいです。ありがとうございました。

「偉いね！　ひとりで働いて立派に育てて！」
そんなふうに言っていただくことがよくあります。

〝4人〟を〝ひとり〟で育てているから、「偉い」と思われるのかもしれません。

全部、自分が選んだことへの責任。
偉くも凄くもありません。
離婚という選択をしたのは自分自身。

紛れもないこの事実のせいで、こども達に対して「ひとり親だからできなかった」という言葉だけは言いたくなかった。

両親がいるお家と同じようにしてあげたい。これはわたしの選択に対するけじめ。それでも、こども達には他の家庭では味わわないで済むような、悲しい経験や寂しい想いもさせてしまったと思います。

以前、メディア出演の際の立ち振る舞いがうまくできず、猛烈に反省したこともありました。

テレビのお仕事では、いただいた質問には正直にありのままを答えていましたし、そんなわたしの言動を面白がっていただきました。それを求められていたのは事実です。ですが、そういったわたしの発言がどのような影響を及ぼすかを想定できていませんでした。

わたしは〝離婚理由や夫婦仲を暴露したモデル〟というキャラ設定になってしまったのです。その事実に気がついた時には、時すでに遅し。

自分の中で大切にしていたものや守っていたものが、一瞬にして崩れ落ちてしまった。どうかこの放送をこども達は目にしないで、と強く願うこともありました。

この結果を招いたのは、全てわたしの責任。求められていることに合わせてしまったのは事実です。テレビでおしゃべりする際のテクニックや、うまくかわすアイディアもなく、ただただ力不足だったのです。

そしてそんな自分が嫌で嫌で仕方がなかった。

わたしにとって、こども達はかけがえのない存在です。

彼らの幸せのためにも、〝自分自身が笑顔でいること〟、そして〝こども達を笑顔にしてあげること〟、このふたつは絶対に守り抜きたかった。

この譲れないたったふたつを崩してしまったのは、わたしが招いた結果なのかもしれない……当時は自分を責めて、思考も心の中も全くいい状態ではありませんでした。

こんな経験を経て、わたしの考え方も変わってきました。少しずつ、わたしの力でもお役に立てるかどうか、冷静に考えながらお仕事を選べるようになりました。

仕事への考え方や向き合い方を変えることが最善と思えるほど、こども達の笑顔を守ることは大切。わたし自身、長男を産んだ21年前とくらべ、だいぶ大人になりました。今では自分を理解し客観的にも見ることもできます。あの時よりもずっと楽しく仕事ができるようになったのは、大きな進歩で成長です。

ひとりで子育てをしてきたわたしですが、みなさんに伝えておきたいことがあります。それは、わたしが離婚に対して全肯定しているわけではないということです。もし、今離婚を迷っているなら、留まる選択肢があるということにも気がついてもらいたいのです。

夫婦の数だけ問題はあります。むしろ、何も問題がない家庭なんてないと思います。

精神的、身体的に、こどもにとって悪影響を及ぼす結婚である場合は、離婚を選択すべきでしょう。でも、それ以外の場合は、両親が揃っていれば、母親か父親か、その時々に合った状況で、こどもの心と身体の成長をサポートできると思っています。

結婚生活が辛い時、それでも離婚に踏み切れないのは、この先に待ち受ける「大変なこと」を考えてしまうから。たとえば金銭面、時間的な制約、こどものメンタル……でも、大変なことって案外乗り越えられるもの。わたしの場合は、その覚悟をした上でひとり親になる決断をしたからこそ、乗り越えることができました。

反抗期ピークの娘との衝突で頭を抱え、ここにパパがいたらどうだったかな、と想像したこともあります。でも実際にわたしが子育てする中で、パパがいたらどんなによかっただろう、と感じたのは、もっと違うタイミング。

長男が小さい頃からの夢を叶えてプロの選手になった時、次男が難関大学へのルー

トを見出した時、そして直近だと、長男の結婚が決まり孫が産まれるとわかった時
――そう、幸せの瞬間なのでした。

辛い時じゃない。楽しい時、幸せな時。
〝感動や感激を共有する相手がいない〟こと、それは辛いことをひとりで乗り越えてきたわたしが、それ以上に辛いと感じたことでした。

将来こどもが育った時、きっと訪れるうれしい瞬間。ひとりではなく両親で分かちあえば、きっと喜びは倍増するはず。反対に辛いことがあれば、ふたりで半分にしたらいい。

お父さんの役割とお母さんの役割、全てをひとりでこなしてきたわたしが、子育てを通じて感じたことは、こどもから学ぶことがほとんど。
夫婦の在り方までも、こどもに気づかせてもらいました。

この本を通して、自分の人生や過去と向き合い、文字に起こして表現することは、

自分自身にとってもかけがえのない大きな財産となり、気づきとなりました。

こどもを育てながら、日々ママも（もちろん、パパも）育っていく。

〝育児は育自〟――

これが、わたしのリアルな〝子育て〟であり、〝己育て〟。

こどもたち、これからもママと一緒に育っていこうね!!

そして、わたしにこの本のきっかけを作ってくださった歩さん。

「いいじゃん！　ＭＡＬＩＡ．！　唯一無二の人生ってかっこいいじゃん！　そのまま書いてごらんよ！」

そう言って背中を押してくれたあの日から、あっという間に3年半。

人生真っ直ぐ進むことしかできなかったわたしに、立ち止まって思い返してみたり、その時々でしまい込んできた気持ちと改めて向き合う機会をくださった歩さん、貴重な機会をありがとうございました！

歩さんから〝ぶん投げスタイル〟で飛んできたこの本を担当してくださった洋平さん。出会った当初、わたしの存在をあまり知らないから、と言って初めてお会いする日に過去のブログを全て読み返し、ポイントとなる部分を何十ページにも、〝ＭＡＬＩＡ．さんってきっとこういう人なんだろう〟をまとめてきてくださったあのレポート、今でも大切に持っています。誰かがまとめてくれた〝わたし〟は、違う角度から自身を見つめ直すきっかけとなりました。

制作にあたり、この本に何の制約もかけず、文字数しかり、デザインしかり、提出期日までも最後の最後まで相談に乗ってくれた洋平さんには、もぅ、一生頭が上がりません（笑）。ありがとうございました!!

結婚だけではなく恋愛において、心癒されるものばかりではなく、痛みと裏切りを伴う不安定な愛で心が擦り切れ疲れ果てたこともありました。

わたしの人生にどんなことが起ころうとも変わらずわたしをサポートしてくれたママ、実の姉のように幼少期からずっと支えてくれている従姉妹の美亜ちゃん、並びに新保家の皆様には一生分のありがとうを伝えても足りません。


そして、何より恵まれていると心から感じることの多い、お友達みんなからの愛情はとても深く、常にわたしの心の支えでした。

みんながいなかったら〝わたしひとりでやってきた〟と言っているこの子育ても、実際にはできなかったよ。

今、わたしかな？　俺かな？　と思った人！　そうです！　あなたのことです（笑）。

みんながいなきゃできなかったことばっかり！　こうして乗り越えてこられなかった！

感謝というひと言では言い表せない想いです。

本当にありがと♡　コマウォ♡　サランへ♡

最後に、わたしをママにしようと決めてこの世に産まれてきてくれた、わたしの大切な大切な4人のこども達、海鈴、愛郁、ありあ、海緒（ポコちゃん）。完璧とはほど遠い母親で、悲しい想いも寂しい想いもさせてしまったこと、謝らせてね、ごめんね。でもね、ママにとってみんなが、この地球上で一番大切で愛おしい存在だということは、ここに書かなくてもわかってくれていると思います。

叶うものであればもう一度お腹に戻して、また一から育てたいくらい。わたしと今世では親子という形で出逢ってくれたことに感謝しています。わたしを見つけてくれて、逢いにきてくれてありがとう。

来世ではどんな形で逢えるかわからないけど、必ず逢いに行くからね。

これからもずっとずっとずーっと宜しくね♡

最後は、5歳のポコちゃんが寝る前に毎日言ってくれる一言。

I love you infinitely ∞

無限に、永遠に愛してるよ、たくさんの学びをありがとう♡

Special thanks to...
each and every one of you
who supported me to put together this book.
To all the staff -both current and former-,
and everyone who have supported
Anela Group throughout the years.
Last but not least, sending my love
and a big hug to my friends,
mama, papa, and my beautiful kids
for always supporting and believing in me.
Love you all! Malia

Special thanks to...
この本に関わってくださった全ての皆様。

卒業したスタッフ、いまも共に奮起"前進"してくれているスタッフ、
Anela Groupに携わってくれたみんな。

そしてどんな時も支えてくれた家族、
みんなにありがとうと愛を送ります。

Love you all Malia.

新保真里有 *(MALIA.)*

1983年生まれ。経営者・モデル・タレント。4児の母。

MALIA.（マリア）として15歳でデビュー。以来、多くの女性誌専属モデルを務め、ファッションイベント等にも出演。その後、テレビ番組にも多数出演するなど人気を博す。2019年12月号より始まった女性誌『Domani』（小学館）の連載では、「経営者」「母」「一人の女性」という多角的な視点を通して自身の経験を赤裸々に語るなど、その言動は反響が大きく、多くの女性から支持を得ている。

経営者としては、2009年に「Anela Inc.」を立ち上げ、ブラジリアンワックスサロン“Moalani（モアラニ）”他、多数のアパレルブランドディレクターを務め、ビューティーブランド“Anela Beauty”を手がけるなど、ANELAONLINEとしてEC事業を幅広く展開。

2022年に三男の進学を考えてアラブ首長国連邦の都市Dubaiへ移住。2023年には「Anela Holdings」へと会社をホールディングス化し、Dubaiにも会社を設立。

躍進し続けている。

公式Instagram
https://www.instagram.com/maliarehman/

育児育自論

2024年3月15日　初版発行

著者　新保真里有（MALIA.）

編集　滝本洋平
構成　西道倫子
デザイン　大津祐子

発行者　高橋歩

発行・発売　株式会社 A-Works
〒113-0023 東京都文京区向丘 2-14-9
URL : http://www.a-works.gr.jp/　E-MAIL : info@a-works.gr.jp

営業　株式会社サンクチュアリ・パブリッシング
〒113-0023 東京都文京区向丘 2-14-9
TEL : 03-5834-2507　FAX : 03-5834-2508

印刷・製本　株式会社シナノパブリッシングプレス

日本音楽著作権協会（出）許諾第 2400925-401 号

PRINTED IN JAPAN